Otmar Steinbicker

Die 25 schönsten E-BIKE TOUREN

Zwischen Rhein, Main und Lahn

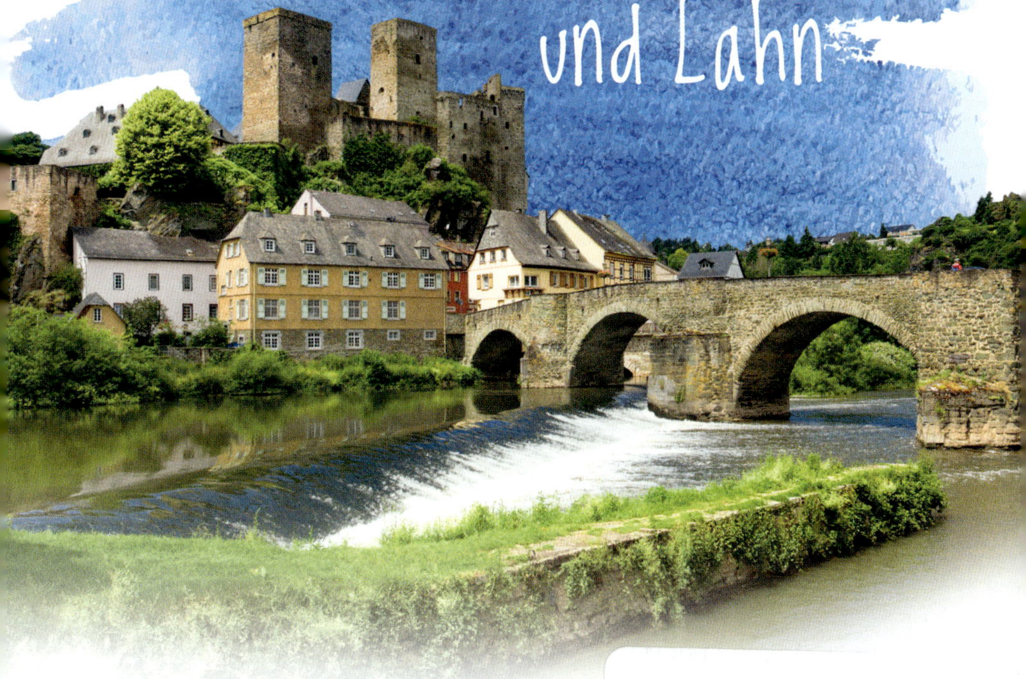

BVA

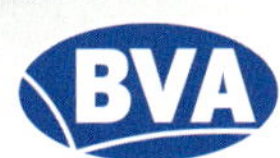

Die Touren

An der Lahn in Limburg

Mit Ortsporträts von

DIE 25 SCHÖNSTEN E-BIKE-TOUREN ZWISCHEN RHEIN, MAIN UND LAHN

Am Rheinufer in Bingen

VORWORT

Mit dem Rheinradweg, dem Mainradweg und dem Lahnradweg erschließen bedeutende und beliebte Fernradwege die Region und viele ihrer vielfältigen Sehenswürdigkeiten. Aber auch abseits dieser Routen gibt es viel zu entdecken.

Das gilt für die vielfältigen Landschaften. Der Rhein hat sein eigenes Flair, das im 19. Jahrhundert in der „Rheinromantik" gefeiert wurde. Der Untermain zwischen Offenbach und der Mündung in den Rhein ist stärker industriell geprägt, südöstlich schließt sich ab Aschaffenburg das Frankenland mit eigenen Akzenten an. Die Lahn als deutlich kleinerer Fluss hat wiederum seine besonderen Reize und wird von schönen Fachwerkstädten gesäumt.

Dass es außerhalb der Flusstäler auch deutlich hügelige Landschaften, vor allem den Taunus gibt, sollte E-Bike-Radler nicht schrecken. Da kommen bei Touren um die 50 km schon mal schnell 300 Höhenmeter und mehr zusammen. Zur Belohnung gibt es auch dort viel zu entdecken: nicht nur bekannte Highlights, sondern auch so manche kleine Sehenswürdigkeit, für die es sich lohnt, sich etwas Zeit zu nehmen.

Radeln mit Blick auf Frankfurt

Radreisen sind schließlich eine besondere Reisevariante und obendrein eine besonders intensive Variante, die mit allen Sinnen im wahrsten Sinne zu erfahren ist. Die vielen in diesem Buch aufgeführten Sehenswürdigkeiten sind dabei Angebote. Welche und wie viele davon intensiver wahrgenommen werden sollen, bleibt eine individuelle Entscheidung nach jeweils eigenen Interessen.

Zum Reisen gehört immer auch etwas Einblick in die Geschichte, die Regionen und Orte auf unterschiedliche Weise geprägt hat. Das betrifft die Herrscher, die nicht nur imposante Schlösser und Burgen bauten. Das betrifft auch die Lebensbedingungen für die Menschen in unterschiedlichen Landschaften und in unterschiedlichen Zeiten sowie regionale Zugehörigkeiten. So gehörte die historische Region Rheinhessen zwischen Mainz und Worms bis 1945 zu Hessen und kam erst nach dem Kriegsende 1945 mit der Bildung der Besatzungszonen zum neu gebildeten Bundesland Rheinland-Pfalz.

Die vorliegende Auswahl von 25 Rund- und Streckentouren führt speziell abgestimmt für das Radeln mit E-Bikes abseits des Straßenverkehrs in ausgewählte schöne Orte und Landschaften. Die vorgeschlagenen

Rast in Idstein

Touren sollen Ihnen Anregungen für Ihre Radwanderungen geben. Wenn Sie mehr Varianten suchen, weil Sie von einem bestimmten Ort aus mehrere Tagestouren unternehmen möchten oder mit vollem Gepäck von Quartier zu Quartier fahren, weil Sie lieber längere oder kürzere Strecken radeln, können Sie diese Tourenvorschläge beliebig kombinieren, verlängern oder abkürzen.

Alle Touren haben als Ausgangs- und Zielpunkt einen Bahnhof, dessen Bahnsteige mit dem E-Bike stufenlos oder mit dem Aufzug erreichbar sind, so dass das Schleppen der schweren Räder treppauf und treppab entfällt. Da nicht alle Bahnhöfe in der Region diese Kriterien erfüllen, bleiben manche Orte außen vor oder es bieten sich mitunter nur längere Routen an. Wer nicht mit dem Zug anreist, kann bei den vorgeschlagenen Routen selbstverständlich variieren.

Wo geht es hier zur Ladestation?

Auch die Ladestationen für E-Bikes entlang oder nahe der Route sind für jede Tour angegeben. Vergessen Sie bitte nicht das Ladekabel für Ihr E-Bike! Manche Station verfügt nur über eine einfache Steckdose oder das eine oder andere Café bietet schlicht die Nutzung der

Außensteckdose zum Aufladen des E-Bikes an – mit eigenem Ladekabel kein Problem.

Auch für Reisemobilisten eignet sich das Gebiet als ideale Entdeckungsregion. Die Touren verfügen meist über mehrere Stellplätze an oder nahe der Route, die in diesem Buch auf den Karten markiert sind.

Kartenmaterial

Die Kartenausschnitte in diesem Buch sollen Ihnen eine erste Übersicht und Orientierung für Ihre ausgewählte Tour geben. Für die allgemeine Radtourenplanung, z.B. auch für die individuelle Zusammenstellung einer Radtour aus verschiedenen Elementen unterschiedlicher Tourenvorschläge dieses Buches sowie zur Orientierung außerhalb der viel befahrenen und gut ausgeschilderten Fluss-Radwege, ist eine größere und detaillierte Radwegekarte natürlich von Vorteil. Dazu finden Sie unter dem Kartenausschnitt entsprechende Hinweise auf die jeweilige ADFC Regionalkarte (Maßstab 1:75.000). Auf diese Weise können Sie z.B. bei Nutzung des ÖPNV auch Strecken planen, bei denen Sie einen anderen Bahnhof für die Abreise wählen als Ihren Startbahnhof.

Der Main bei Miltenberg

Die ADFC-Regionalkarten gibt es auch als App unter www.fahrrad-buecher-karten.de/kartenapp.

Mehr Sicherheit mit GPS

Radfahren und Kartenlesen, das ist keine einfache Kombination. Keine Frage, wer unterwegs sich mit GPS-Daten und Smartphone oder anderen Mobilgeräten orientieren kann, ist sicherer unterwegs und hat auch deutlich mehr Spaß. Man findet die Wege schneller, kann sich mehr darauf konzentrieren, die Landschaft als solche zu erleben. Und vor allem fährt man auch mit mehr Sicherheit, weil es gerade mit dem E-Bike wichtig ist, das Fahrzeug stets unter Kontrolle zu haben. Und wenn man unterwegs müde wird oder eben Hunger und Durst plagen, kann man sich auch besser orientieren, findet leichter zu einem nahen Pausenplatz.

Hinzu kommt noch, dass die Radwege ja nicht immer perfekt ausgeschildert sind. Da sind die Wegweiser manchmal unübersichtlich oder lückenhaft, lassen Interpretationen zu, welcher nun der richtige Weg ist.

Dafür haben Sie hier die Möglichkeit, sich mit den passenden GPS-Daten vorzubereiten. So können Sie

unbeschwert ihre Tour starten und auf die schönen Dinge konzentrieren. Für jede der 25 Touren finden Sie auf unserer Internetseite die passenden Trackdaten. Mithilfe des Zugangscodes RHMA-01-212-666-EBB stehen Ihnen die Daten auf der Seite www.fahrrad-buecher-karten.de/ebiketourendigital kostenlos zum Download zur Verfügung.

Helfen Sie mit!

Die in diesem Buch enthaltenen Informationen wurden sorgfältig nach bestem Wissen und Gewissen zusammen getragen. Dennoch gibt es gerade beim immer beliebter gewordenen Radtourismus ständig Neuerungen und Veränderungen. Da ändern sich Straßennamen und Wegführungen, werden Routen ergänzt, zusätzliche Serviceangebote entlang der Strecken geschaffen. Helfen Sie uns mit, dieses Buch ständig aktuell zu halten, indem Sie uns eventuelle Änderungen unter buecher@bva-bikemedia.de mitteilen. Unser Dank ist Ihnen ebenso sicher wie der Dank der anderen Leser.

VIEL SPASS BEIM RADELN!

Bacharach

WARUM IST ES AM RHEIN SO SCHÖN?

Streckentour von Bacharach nach Koblenz

Eine leichte, ebene Streckentour von Bacharach nach Koblenz entlang des Rheins, auf den Spuren der Rheinromantik vorbei an der Loreley und Weinorten mit Zeugnissen mittelalterlicher Stadtbefestigung.

Was erwartet mich?

50,4 km, 30 Höhenmeter, eine ebene Tour überwiegend auf asphaltierten Wegen, 7 km Straßen und 6,6 km Schotterwegen entlang des Rheins – beschildert als Rheinradweg.

Wie komm ich hin?

ÖPNV: Bahnhof Bacharach
Mit dem Auto: A 61, Ausfahrt 44 (Laudert), weiter auf der L 217 und L 220 über Wiebelsheim nach Oberwesel, dort auf der B 9 nach Bacharach, dort Mainzer Straße.

Was muss ich sehen?

1 Altstadt von Bacharach
2 Burg Pfalzgrafenstein
3 Kurfürstliche Burg in Boppard
4 Deutsches Eck in Koblenz

Wo tank ich auf?

Väterchen Rhein, B 9, am KD Köln-Düsseldorfer Steiger, Oberwesel
Benediktiner Biergarten Boppard, Rheinallee 50, Boppard
Koblenzer Biergarten, An dem Königsbach 10, Koblenz

Kartentipp: **ADFC Regionalkarte Koblenz/Bonn/Mainz/Mittelrheintal**

TOURSTART

Der Bahnhof Bacharach und der Hauptbahnhof in Koblenz verfügen über Aufzüge.

Sie starten vom Bahnhof in Bacharach und radeln nach rechts in die Mainzer Straße in Richtung Stadtzentrum.

Nicht nur in der 1 **Altstadt** von Bacharach sind zahlreiche Fachwerkhäuser erhalten. Eines der bedeutendsten mittelalterlichen Fachwerkhäuser am Rhein ist das „Alte Haus" am nördlichen Ende der Stadt in der Oberstraße 61. Es wurde 1586 errichtet, ein Vorgängerbau geht auf das Jahr 1368 zurück. Es verfügt über vier Giebel, Ecktürmchen und Rokokotüren im Stil des rheinischen Fachwerks. Im Inneren zieren die Wände des Restaurants aufwendige Malereien, die in der Zeit zwischen dem Ende des 19. Jahrhunderts und etwa 1920 gefertigt wurden. Besonders beeindruckend ist der „Loreleyzyklus".

Sehr gut erhalten ist auch die **mittelalterliche Stadtbefestigung**, deren Türme am Rheinufer durch einen überdachten Wehrgang verbunden sind. Überragt wird Bacharach von der **Burg Stahleck**. Sie wurde um die Wende vom 11. bis 12. Jahrhundert errichtet und diente zeitweise auch als Zollburg. Durch Sprengungen im Pfälzischen Erbfolgekrieg 1689 wurde die Burg zur Ruine. Ab 1925 wurde sie als Jugendherberge wiederaufgebaut.

Burg Pfalzgrafenstein

*Je nachdem wie intensiv Sie sich Bacharach anschauen möchten, werden Sie früher oder später rechts zum Rheinufer lenken und nach links (**Wegepunkt** ❶) neben der B 9 auf dem Rheinradweg flussabwärts fahren.*

Nach knapp 2 km passieren Sie ein **Denkmal**, das daran erinnert, dass Marschall Blücher hier in der Neujahrsnacht 1813/1814 auf einer Pontonbrücke mit 60.000 Soldaten, 15.000 Pferden und 182 Geschützen den Rhein überquerte, um die Truppen Napoléon Bonapartes zu verfolgen.

Gleich darauf erhebt sich auf einer Felseninsel im Rhein die 2 **Burg Pfalzgrafenstein**. Die ehemalige Zollburg geht auf Ludwig den Bayern, Pfalzgrafen bei Rhein und späteren römisch-deutschen König und Kaiser Ludwig IV., zurück. Der Bau entstand im Laufe der Jahre aus einem 1326 bis 1327 errichteten Turm. Damit

Blücherstraße in Bacharach

sollte die Einnahme des Schiffszolls in der rechtsrheinisch gegenüber gelegenen Zahlstelle in Kaub überwacht werden. Ihr heutiges Aussehen erhielt die Burg 1714 mit dem barocken Turmhelm. Bis zum Preußisch-Österreichischen Krieg 1866 blieb die Burg Zollstation. Später wurde sie bis in die 1960er Jahre als Signalstation für die Schifffahrt genutzt.

Sie radeln weiter auf dem Rheinradweg neben der B 9 nach Oberwesel.

Auch Oberwesel besitzt noch umfangreich erhaltene Reste des mittelalterlichen Stadtmauerrings. Die zu Beginn des 13. Jahrhunderts errichtete **Stadtmauer** wurde im 14. Jahrhundert erweitert und verstärkt. 16 von ursprünglich 22 Wehrtürmen stehen noch heute. Besonders beeindruckend ist der Ochsenturm mit Zinnenkranz und aufgesetztem Oktogon.

Die **Liebfrauenkirche** wurde 1213 erstmals erwähnt und dürfte im 12. Jahrhundert gegründet worden sein. 1258 wurde sie zu einer Stiftskirche erhoben. Der heutige Bau entstand in der ersten Hälfte des 14. Jahrhunderts. Sehenswert im Innern sind der filigrane Lettner, der den Stiftschor vom Langhaus trennt, sowie der Hochaltar, die beide aus der Erbauungszeit der Kirche stammen.

Burg Schönburg

Oberhalb der Stadt thront die **Burg Schönburg** aus dem 12. Jahrhundert. Wie die meisten Burgen im Oberen Mittelrheintal wurde sie im Pfälzischen Erbfolgekrieg 1689 von den Franzosen zerstört. Der Deutsch-Amerikaner T. I. Oakley Rhinelander begann in den Jahren 1885 bis 1901 mit einem teilweisen Wiederaufbau. Nach Rhinelanders Tod 1947 erwarb die Stadt Oberwesel die Burg. Der nördliche Teil wurde als Jugendburg des Kolpingwerkes ausgebaut. Heute wird sie wie auch der südliche Teil als Hotel genutzt.

Unsere Tour führt weiter auf dem Rheinradweg und Sie sehen nach rund 4,5 km über dem gegenüberliegenden Ufer den Lorelei-Felsen.

Die 132 Meter hohe Schieferfelswand des **Lorelei-Felsens** befindet sich an der tiefsten und engsten Stelle des Mittelrheins und ragt auf 193 Meter steil in die Höhe. Die Loreley gilt als Inbegriff der Rheinromantik. Zur Romantisierung trug wesentlich das Kunstmärchen „Lore Lay" bei, das Clemens Brentano 1801 in seinem Roman Godwi in Balladenform erzählte. Die Protagonistin ist eine schöne Zauberin oder Nixe, die auf dem Felsen sitzt und Männern das Verderben bringt. Heinrich Heine widmete ihr 1824 das Lied „Die Lore-Ley".

Der Rheinradweg führt Sie weiter ins nahe Sankt Goar.

Die Stadt Sankt Goar ist für ihren **Weinbau** bekannt. Die Weinberge sind steil terrassiert und zur Hauptsache mit Riesling bestockt. Oberhalb von Sankt Goar befindet sich die Ruine Burg Rheinfels. Auf dem Ufer gegenüber liegt Sankt Goarshausen mit den Burgen Katz und Maus.

Sie radeln weiter auf dem Rheinradweg nach Bad Salzig.

Das **Heilbad** Bad Salzig wurde 1907 gegründet, nachdem zwischen 1903 und 1905 zwei Quellen erbohrt wurden. Aus 446 m Tiefe sprudelt das Heilwasser der kohlensäurehaltigen, alkalisch-muratischen Leonorenquelle (Glaubersalzquelle), das als „Natrium-Chlorid-Hydrogencarbonat-Sulfat-Säuerling" qualifiziert ist. Die zeitgleich erbohrte Barbaraquelle ist heute versandet.

Früher war Bad Salzig wie andere Orte am Mittelrhein auch für Weinanbau bekannt. Ende des 18. Jahr-

hunderts gab es dort über 400.000 Rebstöcke. Doch nach der Reblausplage im 19. Jahrhundert stieg man um auf **Obstanbau**, insbesondere Kirschen. Heute blühen im Frühjahr noch zahlreiche Kirschbäume.

Ein **Heimatmuseum** im Kultur- und Vereinszentrum „Alter Bahnhof" dokumentiert die Geschichte Bad Salzigs als Kurbad, Wein- und Obstort.

*Weiter geht es auf dem Rheinradweg nach Boppard. Hier verlassen wir auf einem kurzen Stück die B9 nach rechts (**Wegepunkt** ❷) zum Flussufer.*

Boppard wurde von den Römern gegründet und entwickelte sich im Mittelalter zu einer freien Reichsstadt.

In der Nähe des Marktplatzes lädt der **Römerpark** mit Ruinen der römischen Kastellbefestigung aus dem 4. Jahrhundert zu einer Besichtigung ein. Im 14. Jahrhundert wurde die Stadt erweitert und mit einer Stadtmauer umgeben, von der heute noch Reste zu sehen sind. Größere Teile waren dem Bau der Eisenbahn zum Opfer gefallen.

Größte Sehenswürdigkeit ist die **3 Kurfürstliche Burg**, die einst auch Teil der Stadtbefestigung war. Bis ins 17. Jahrhundert wurde sie von den Trierer Kurfürsten zu einer Vierflügelanlage ausgebaut. Ab 1794 besetzten Französische Revolutionstruppen für etwa 20 Jahre das Gebiet der linken Rheinseite und damit auch die Stadt Boppard. In dieser Zeit schliffen sie die Befestigungsanlagen und rissen eine Bresche in den Nordflügel der Burg. Heute findet man in der Burg das Städtische Museum mit einer Sammlung zur Stadtgeschichte Boppards.

Kurfürstliche Burg in Boppard

Die **Basilika St. Severus** geht bis in die nachrömische Zeit zurück. Bei Ausgrabungen fand man unter der Kirche Reste einer frühchristlichen Kirche des 6. Jahrhunderts. Das heutige Kirchengebäude wurde in drei Abschnitten im 12. und 13. Jahrhundert errichtet. Die beiden Kirchtürme stammen aus der Mitte des 12. Jahrhunderts, das Langhaus entstand Anfang des 13. Jahrhunderts. Die Spitzhelme der Kirchtürme wurden Anfang des 17. Jahrhunderts aufgesetzt. Zur Ausstat-

Reisemobilstellplätze an oder nahe der Route

Wohnmobilstellplatz am Camping Sonnenstrand, Strandbadweg 9, Bacharach

Wohnmobilstellplatz am Schiffsanleger, B 9, Oberwesel

Wohnmobilstellplatz an der Sesselbahn, Mühltal 12, Boppard

Knaus-Reisemobilhafen, Schartwiesenweg 6, Koblenz

Reisemobil-Stellplatz Koblenz, Hans-Böckler-Straße 1A, Koblenz

tung der Kirche gehört ein Triumphkreuz über dem Altar, das um 1220/30 gefertigt wurde. Die Christusfigur trägt keine Dornenkrone, sondern eine Königskrone, die ihn als Sieger über den Tod charakterisiert. Kostbar ist auch eine um 1260 aus Erlenholz geschnitzte Madonna.

Von den mittelalterlichen Adelshöfen blieben einige Wohnhäuser und Wirtschaftshöfe aus dem 13. bis 16. Jahrhundert erhalten. Darüber hinaus stehen in der Altstadt noch mehrere Fachwerkhäuser aus dem 16. bis 18. Jahrhundert.

Der **Weinbau** in Boppard wurde bereits 643 erstmals erwähnt und heute ist Boppard die größte Weinbaugemeinde des Weinbaugebietes Mittelrhein. Angebaut werden im Wesentlichen die Rebsorten Riesling, Müller-Thurgau und Spätburgunder.

*Auch kurz vor Spay führt der Rheinradweg nach rechts (**Wegepunkt ❸**) zum Flussufer und weiter nach Rhens.*

Südlich von Rhens steht auf einem Hügel die katholische **Kirche St. Dionysius**. Ältester Teil ist der im frühen 13. Jahrhundert erbaute spätromanische Turm aus Bruchsteinen mit Kleeblattblenden und Rhombendach. Vermutlich im 16. Jahrhundert wurden das spätgotische Langhaus und der Chor angefügt. Die zweigeschossige Holzempore im Innern stammt aus der Zeit zwischen 1520 und 1629, als die Kirche zeitweise protestantische Pfarrkirche war. Nach der Rückkehr unter katholische Herrschaft wurde die Kirche Mitte des 18. Jahrhunderts mit Hochaltar und Kanzel barock ausgestattet.

Altes Rathaus Rhens

Auch in Rhens umgibt eine **Stadtmauer** mit zahlreichen Toren die Altstadt. Direkt am Rhein steht der Scharfe Turm, der 1396 als Zollturm errichtet und später als Gefängnis genutzt wurde. 1645/46 wurden darin zehn Personen, die der Hexerei beschuldigt wurden, inhaftiert und gefoltert.

Das **Rathaus** am Marktplatz stammt mit seinem ältesten Teil, dem Erdgeschoss, aus der Zeit um 1500. Das Obergeschoss und der Giebel wurden um 1600 aufgesetzt.

Das imposante Fachwerkgebäude „**Deutsches Haus**" am Rheinufer wurde von 1566 bis 1570 errichtet und ist mit dem Rheintor verbunden. Im großen historischen Gewölbekeller soll Napoléon auf seiner Flucht vor den alliierten Truppen eingekehrt sein, als die Truppen

Rhein bei Koblenz mit der Festung Ehrenbreitstein

Blüchers in der Neujahrsnacht 1813/14 bei Kaub den Rhein überquerten.

Sie radeln weiter auf dem Rheinradweg nach Koblenz.

Hinter Rhens sehen Sie auf dem gegenüberliegenden Ufer Oberlahnstein. Links oberhalb des Radweges thront **Schloss Stolzenfels**. Eine 1689 zerstörte kurtrierische Zollburg aus dem 13. Jahrhundert ließ Anfang des 19. Jahrhunderts der preußische Kronprinz Friedrich Wilhelm von Preußen, der spätere König Friedrich Wilhelm IV., unter Mitwirkung des Berliner Architekten Karl Friedrich Schinkel zum Schloss ausbauen. Das neugotische Schloss gilt als ein herausragendes Werk der Rheinromantik. Unverkennbar sind dabei die Einflüsse der englischen Neugotik und Schinkels romantischer Stil.

Anschließend sehen Sie auf dem gegenüberliegenden Ufer die Mündung der Lahn mit der **Johanniskirche**, deren ältesten Teile zwischen 1130 und 1136 errichtet wurden.

*In Koblenz folgen Sie dem Rheinradweg über die Rheinlache und lenken dann nach links in die Januarius-Zick-Straße (**Wegepunkt ❹**), die Sie geradeaus zum Hauptbahnhof führt.*

Nehmen Sie sich ausreichend Zeit für eine Besichtigung der Stadt. Neben dem 4 **Deutschen Eck** finden Sie weitere Hinweise auf Sehenswürdigkeiten im **Ortsporträt Koblenz** (S. 22).

E-Bike Ladestationen an oder nahe der Route

E-Bike Ladestation, Oberstraße 10, Bacharach
E-Bike-Ladestation, Rathausstraße 6, Oberwesel
E-Bike-Ladestation, Heerstraße, Sankt Goar
E-Bike Ladestation am Nachbarplatz, Boppard-Bad Salzig
E-Bike Ladestation, Altes Rathaus/Marktplatz, Boppard
E-Bike Ladestation, Am Viehtor 2, Rhens
Fahrradstellplatz Sporthalle Asterstein, Lehrhohl 50, Koblenz
E-Bike Ladestation vor dem Rathaus, Willi-Hörter-Platz, Koblenz

Orts-porträt

KOBLENZ

Ihren Namen hat die Stadt von den Römern bekommen. Diese hatten hier das Kastell Confluentes am „Zusammenfluss" der Mosel in den Rhein zur Sicherung ihrer Rheintalstraße (Mainz–Köln–Xanten) gegründet.

Koblenz gehört zu den ältesten Städten Deutschlands. Nach dem Rückzug der Römer wurde Koblenz von den Franken erobert, die hier einen Königshof gründeten. In der Kastorkirche fanden 842 die Verhandlungen zwischen den drei Enkeln Karls des Großen statt, die schließlich zur Teilung des Fränkischen Reichs im Vertrag von Verdun 843 führten.

Deutsches Eck in Koblenz

Wahrzeichen der Stadt ist das **Deutsche Eck**, eine künstlich aufgeschüttete Landzunge an der Mündung der Mosel in den Rhein. 1897 wurde dort ein monumentales **Reiterstandbild für Kaiser Wilhelm I.** zu dessen 100. Geburtstag errichtet. Am 16. März 1945 wurde das Standbild von einer amerikanischen Artilleriegranate zerstört. Von 1953 bis 1990 diente sein Sockel als „Mahnmal der Deutschen Einheit". 1993 wurde eine Nachbildung der ursprünglichen Skulptur auf dem Sockel platziert.

Blick über den Rhein auf die Festung Ehrenbreitstein

Der erste Bau **Basilika St. Kastor** wurde bereits 836 geweiht. Die heutige Kirche entstand durch Umbauten im 12. und im 19. Jahrhundert. Sie ist ein bedeutendes Bauwerk der Romanik am Mittelrhein.

Auf dem Vorplatz der Basilika steht der **Kastorbrunnen**, den 1812, als die Stadt zu Frankreich gehörte, der Präfekt des französischen Départements de Rhin-et-Moselle als „Denkmal an den Feldzug gegen die Russen" (so die deutsche Übersetzung der Inschrift) errichten ließ. In der Neujahrsnacht des Jahres 1814 überquerte das vorwiegend russische Armeekorps von Blüchers Schlesischer Armee den Rhein und eroberte die Stadt. Ihr Befehlshaber bewies Humor und ließ weder den Brunnen noch die erste Inschrift entfernen, sondern eine zweite daruntersetzen. Sie lautet übersetzt: „Gesehen und genehmigt durch uns, russischer Kommandant der Stadt Koblenz, am 1. Januar 1814."

Die jahrhundertelange Tradition als Militärstadt zeigt sich vor allem in der unübersehbaren Festung **Ehrenbreitstein** gegenüber der Moselmündung. Ihr barocker Vorgängerbau ging auf eine um das Jahr 1000 errichtete Burg zurück. Zeitweilig diente sie den Kurfürsten von Trier als Residenz. 1801 wurde diese Burg von französischen Revolutionstruppen gesprengt. Nach den Befreiungskriegen wurde die Festung zwischen 1817 und 1828 unter Leitung des preußischen

Moselpromenade

Ingenieur-Offiziers Carl Schnitzler neu errichtet. Sie gehörte zum System Oberehrenbreitstein und war ein zentraler Bestandteil der preußischen Festung Koblenz. Bis 1918 wurde sie von der preußischen Armee militärisch genutzt, um im gesamten Netz der Koblenzer Festungswerke das Mittelrheintal und seine Verkehrswege gegenüber Frankreich zu schützen. Heute ist sie Eigentum des Landes Rheinland-Pfalz und beherbergt das Landesmuseum Koblenz, die Koblenzer Jugendherberge sowie verschiedene Verwaltungseinrichtungen. Das Landesmuseum Koblenz zeigt Dauer- und Wechselausstellungen vor allem zu den Themen Fotografie, Weinbau und Genuss, Archäologie sowie Wirtschafts- und Kulturgeschichte.

Zur Festung führt die **Seilbahn Koblenz**, die größte Luftseilbahn Deutschlands. Sie kann bis zu 7.600 Menschen pro Stunde befördern.

Seilbahn nach Ehrenbreitstein

Im Zweiten Weltkrieg wurde Koblenz durch alliierte Luftangriffe zu 87 Prozent zerstört. Mit der Aufstellung der Bundeswehr wurde die Stadt ab Mitte der 1950er Jahre wieder zu einem großen Garnisonsstandort.

Das **Kurfürstliche Schloss** war die Residenz des letzten Erzbischofs und Kurfürsten von Trier, Clemens Wenzeslaus von Sachsen, der es Ende des 18. Jahrhunderts erbauen ließ. Später residierte hier für einige Jahre der preußische Thronfolger und spätere Kaiser Wilhelm I. als rheinisch-westfälischer Militärgouverneur. Es gehört zu den bedeutendsten Schlossbauten des Frühklassizismus in Südwestdeutschland und ist eines der letzten Residenzschlösser, die vor der Französischen Revolution in Deutschland gebaut wurden. Heute beherbergt das Schloss verschiedene Bundesbehörden.

Das **Alte Kaufhaus** wurde zwischen 1419 bis 1425 errichtet und 1724 barock umgebaut. Zusammen mit dem Bürresheimer Hof, dem Schöffenhaus und der Florinskirche bildet es ein Ensemble aus vier historischen Gebäuden am Florinsmarkt.

Balduinbrücke

Von der Alten Burg aus dem 13. Jahrhundert am Ufer der Mosel neben der Balduinbrücke ist nur noch das Burghaus erhalten geblieben. Dort ist heute das Stadtarchiv untergebracht.

Die **Balduinbrücke** ist die älteste erhaltene Brücke in Koblenz. Sie wurde im 14. Jahrhundert als steinerne Bogenbrücke über die Mosel errichtet und später mehrfach umgebaut. So wurden im Zuge der Moselkanalisierung in den 1960er Jahren Teile abgebrochen, um Platz für die Schifffahrt zu schaffen. Auf der nördlichen Hälfte überspannt seitdem eine moderne Spannbetonbrücke den Schifffahrtskanal.

Der **Metternicher Hof**, ein ehemaliger Stadthof, wurde 1674 erbaut und zählt zu den letzten in der Koblenzer Altstadt erhalten gebliebenen Adelshöfe. Der heutige sechsachsige Baukörper wurde bereits im 19. Jahrhundert um ein Drittel gekürzt. Hier wurde 1773 der spätere österreichische Außenminister Klemens Wenzel Lothar von Metternich geboren.

Das **Rhein-Museum Koblenz** zeigt das Leben am Rhein unter verschiedenen Aspekten wie Geschichte, Wirtschaft, Schifffahrt, Ökologie, Hydrologie, Rheinromantik und Tourismus.

Das **DB Museum Koblenz**, ein Eisenbahnmuseum, ist ein Außenstandort des Nürnberger Verkehrsmuseums. Hier werden historische Lokomotiven der Deutschen Bundesbahn gezeigt, daneben auch alte Dampflokomotiven und Salonwagen.

Der Rhein bei Bingen

Tour 2 Länge 50 km

AN DEN RHEINAUEN

Streckentour von Mainz nach Bacharach

Eine landschaftlich reizvolle, ebene Streckentour von Mainz entlang der Rheinauen über Bingen nach Bacharach.

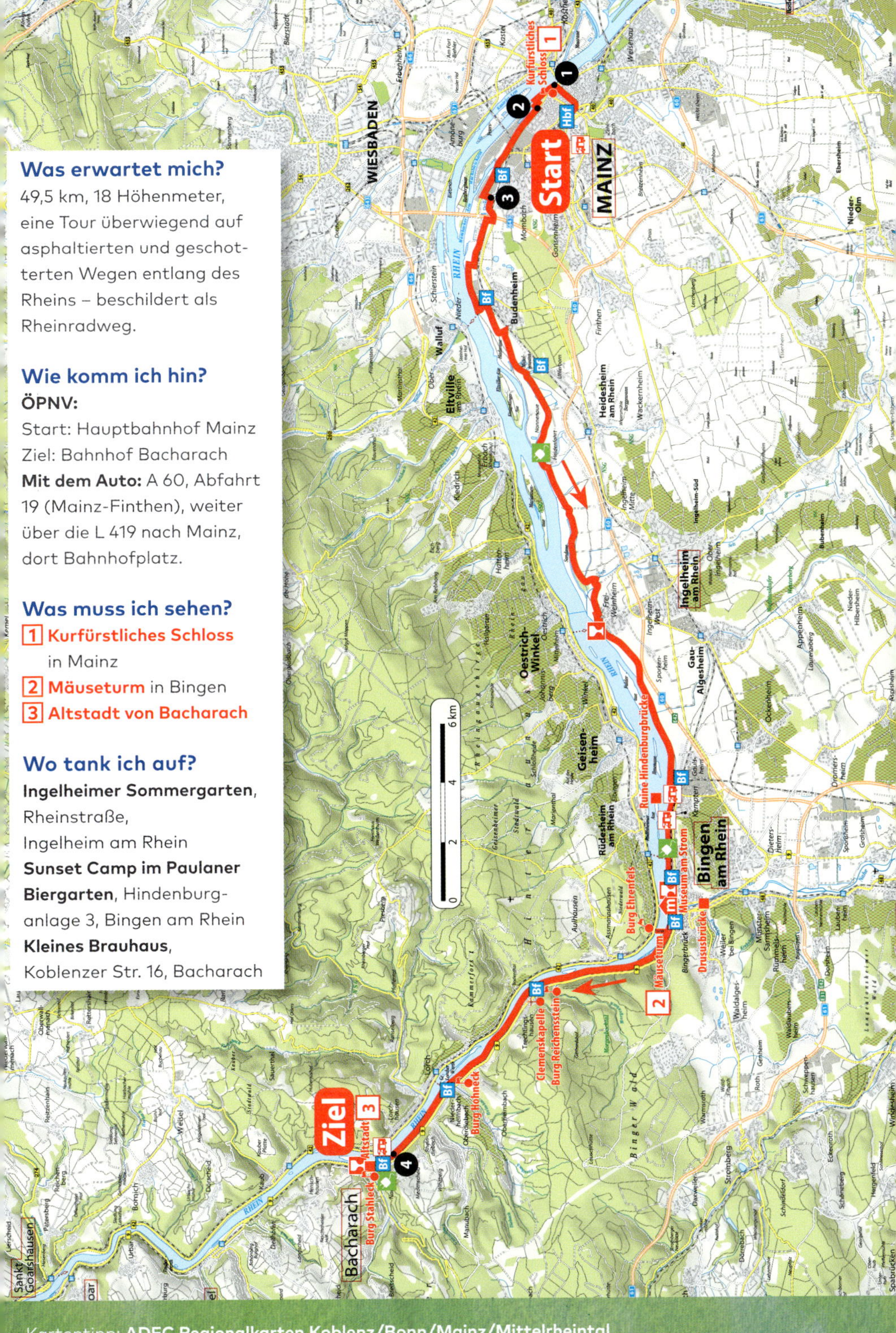

Was erwartet mich?

49,5 km, 18 Höhenmeter, eine Tour überwiegend auf asphaltierten und geschotterten Wegen entlang des Rheins – beschildert als Rheinradweg.

Wie komm ich hin?

ÖPNV:
Start: Hauptbahnhof Mainz
Ziel: Bahnhof Bacharach
Mit dem Auto: A 60, Abfahrt 19 (Mainz-Finthen), weiter über die L 419 nach Mainz, dort Bahnhofplatz.

Was muss ich sehen?

1 **Kurfürstliches Schloss** in Mainz
2 **Mäuseturm** in Bingen
3 **Altstadt von Bacharach**

Wo tank ich auf?

Ingelheimer Sommergarten, Rheinstraße, Ingelheim am Rhein
Sunset Camp im Paulaner Biergarten, Hindenburganlage 3, Bingen am Rhein
Kleines Brauhaus, Koblenzer Str. 16, Bacharach

Kartentipp: **ADFC Regionalkarten Koblenz/Bonn/Mainz/Mittelrheintal** und **Frankfurt a.M./Wiesbaden/Darmstadt**

TOURSTART

Der Hauptbahnhof Mainz und der Bahnhof in Bacharach verfügen über Aufzüge.

*Sie starten am Hauptbahnhof nach rechts, fahren hinter der Brücke in einer Schleife auf die Binger Straße und folgen dieser nach rechts, weiter auf der Straße „Große Bleiche" zum Kurfürstlichen Schloss und zum Rhein. Am Rheinufer lenken Sie nach links (**Wegepunkt** ❶) auf den Rheinradweg.*

Residenzschloss in Mainz

Das 1 **Kurfürstliche Schloss** zu Mainz ist die ehemalige Stadtresidenz der Mainzer Erzbischöfe, die als solche auch Kurfürsten und Landesherren des Mainzer Kurstaates waren. Ursprünglich wohnten die Mainzer Erzbischöfe direkt am Dom. 1478 wurde mit dem Bau der Martinsburg am Rheinufer begonnen, der 1480 vollendet wurde. 1627 wurde mit einem neuen Schlossbau begonnen, dessen Rheinflügel jedoch erst 1687 vollendet wurde. Bedingt durch den Dreißigjährigen Krieg und den 1688 beginnenden Pfälzischen Erbfolgekrieg wurde der Bau mehrmals verzögert. Der Nordflügel des Kurfürstlichen Schlosses wurde 1752 fertiggestellt. Stilistisch ist das Kurfürstliche Schloss eines der letzten Bauwerke der so genannten „Deutschen Renaissance".

Im Zweiten Weltkrieg wurde das Schloss bei einem Luftangriff im August 1942 stark zerstört. Nur die Fassaden und Teile der Treppenanlagen blieben erhalten. Nach dem Krieg wurde zunächst der Nordflügel wiederaufgebaut. Lediglich das Äußere wurde originalgetreu nachgebaut; das völlig vernichtete Innere wurde neu konzipiert.

Mehr zu den Sehenswürdigkeiten lesen Sie im **Ortsporträt Mainz** (S. 34)

*Vor dem Hafen knickt der Rheinradweg nach links und hinter der Kunsthalle (**Wegepunkt** ❷) nach rechts ab entlang der Rheinallee. Später knickt der Rheinradweg am Mombacher Kreisel erneut nach links, um rechts mit der Industriestraße (**Wegepunkt** ❸) die A 643 zu unterqueren. Anschließend führt der Rheinradweg rechts zurück zum Flussufer oder zumindest in dessen*

Nähe im Zickzack weiter über Budenheim nach Bingen.

Das „**Mombacher Rheinufer**" zwischen dem Industriegebiet nahe der A 643 und der Gemeinde Budenheim ist der letzte naturnahe Auebereich des Rheins im Stadtgebiet von Mainz und seit 1995 ein Naturschutzgebiet. In dem 64 Hektar großen Biotop leben viele Pflanzen und Tiere, die auf der roten Liste der gefährdeten Arten stehen, darunter Großer Wiesenknopf, heimische Schwarzpappel, Spechte, sowie Watvögel und Störche.

Hinter Budenheim gelangen Sie an den Flussabschnitt Inselrhein, der sich bis Bingen hinzieht. Die Flussinseln in diesem Bereich werden Auen genannt. Die Stillgewässer dienen vielen Wasservögeln wie Schellenten, Reiherenten und Gänsesägern zum Überwintern. Für Haubentaucher, Kormorane, Graureiher und Graugänse sind sie ganzjähriger Lebensraum. Andere Watvögel finden hier Rastmöglichkeiten auf ihrem Zug. Seit einigen Jahren gibt es an mehreren Stellen auch wieder Weißstörche. Der Auwald zählt zu den artenreichsten Gebieten in Europa.

Als erste sehen Sie die **Insel Königsklinger Aue**, die mit einer Fläche von rund 80 Hektar etwa doppelt so groß ist wie die Insel Mainau im Bodensee. An der breitesten Stelle ist die Insel 500 Meter breit. Sie gehört seit 1992 zum Naturschutzgebiet Haderaue-Königsklinger Aue und bietet Sandbänke, Auewiesen und Auewaldreste als Standorte seltener wildwachsender Pflanzenarten und Tierarten.

Es folgt die **Rheininsel Mariannenaue**, die ebenfalls unter Naturschutz steht. Hier brüten Kormorane, Graureiher und Schwarzmilane und auch eine seltene Biberart lebt dort. In den Auenwäldern stehen bis zu 400 Jahre alte Bäume. Die Insel wird zugleich vom Weingut Schloss Reinhartshausen bewirtschaftet. Auf 23 Hektar gedeiht die Rebsorte Chardonnay besonders gut.

Rheininsel Mariannenaue

In Bingen am Rhein erreichen Sie zuerst den Ortsteil Kempten am Rhein mit der Ruine der Rheinbrücke „**Hindenburgbrücke**", die in den letzten Kriegstagen 1945 von deutschen Truppen gesprengt wurde. Die Eisenbahnbrücke war 1915 in Betrieb genommen worden.

Die **Dreikönigskirche** mit ihrem romanischen Turm wurde um das Jahr 1100 erbaut. An der Südseite der Kirche findet sich eine römische Spolie, ein sogenannter „Viergötterstein" mit Reliefs von Herkules und Äskulap.

Das Rheinufer zwischen dem Autofähranleger und den ehemaligen Gleisanlagen in Bingerbrück am Hauptbahnhof wurde für die **Landesgartenschau Rheinland-Pfalz 2008** komplett neu und sehr ansprechend gestaltet. Vom Ufer aus blicken Sie auf das südöstlich gelegene Rüdesheim, die Weinlagen des Rüdesheimer Berges mit dem Niederwalddenkmal, einem in der Zeit des Deutschen Kaiserreichs entstandenen Monumentalbauwerk, das an den Deutsch-Französischen Krieg 1870/71 und die anschließende Gründung des Deutschen Kaiserreiches am 18. Januar 1871 erinnern sollte.

Rheinkran in Bingen

Am Ufer passieren Sie den **Alten Binger Rheinkran**, einen hölzernen Turmtretkran aus der Zeit um 1787. Das Kranhaus ist eine Fachwerkkonstruktion aus Eichenbalken, die Außenwände sind mit Holz verschalt. Die drehbare, glockenförmige Krankuppel ist schiefergedeckt und mit einer Turmkugel abgeschlossen. Der Ausleger besteht aus einem massiven Eichenbalken nebst Stützbalken und ist mit Bleifolie beschlagen. Angetrieben wurde der Kran mit Menschenkraft über zwei große Laufräder. Der Kran wurde in der zweiten Hälfte des 19. Jahrhunderts stillgelegt. Schon aus dem 15. Jahrhundert ist an dieser Stelle ein Kran überliefert. In erster Linie wurden hier Wein, Salz und Getreide verladen.

Das **Museum am Strom** im historischen Elektrizitätswerk von 1898 zeigt Stadtgeschichte von den Römern bis heute. Das 67 Instrumente umfassende „Binger Ärztebesteck" aus dem 2. Jahrhundert n. Chr. ist ein sensationeller Fund zur antiken Medizin. Hildegard von Bingen, Benediktinerin, Äbtissin, Dichterin, Komponistin und eine bedeutende natur- und heilkundige Universalgelehrte des 12. Jahrhunderts ist eine eigene Ausstellung gewidmet ebenso wie der Rheinromantik des 19. Jahrhunderts.

Vor der Nahebrücke, besteht die Möglichkeit zu einem kleinen Abstecher naheaufwärts.

Die **Basilika St. Martin** geht auf das Jahr 1006 zurück, der dort ausgestellte Grabstein des Priesters Aetherius, sogar bis ins 5./6. Jahrhundert. Als die Kirche 1403 abbrannte, blieb die Krypta erhalten und wurde in den Nachfolgebau integriert.

Wenig weiter überspannt die **Drususbrücke** die Nahe. Im 11. Jahrhundert erbaut, ist sie die älteste erhaltene mittelalterliche Steinbrücke in Deutschland. Ihre Grundkonstruktion stammt aus dem 11. Jahrhundert.

Mäuseturm Bingen

Zurück auf dem Rheinradweg sehen Sie hinter der Nahebrücke die Mäuseturminsel mit dem **2 Mäuseturm**. Der Mäuseturm ist ein am Anfang des 14. Jahrhunderts erbauter ehemaliger Wehr- und Wachturm. Zusammen mit der rechtsrheinisch gegenüber gelegenen Burg Ehrenfels diente er als Zollwarte der Erhebung von Rheinzoll. Der Name Mäuseturm ist 1516 erstmals belegt. Möglicherweise geht er auf das mittelhochdeutsche mûsen ‚spähen, lauern' oder auf das althochdeutsche muta ‚Wegezoll' zurück.

Beliebter für die Namensgebung ist die Legende, wonach der Mainzer Erzbischof Hatto II. den Mäuseturm im 10. Jahrhundert errichten ließ, als eine Hungersnot im Land herrschte und er den Armen Hilfe aus seinen gefüllten Kornkammern verwehrte. Als sie weiterbettelten, soll er sie in eine Scheune gesperrt haben, die daraufhin von seinen Schergen angezündet worden sei. Die Schreie der Sterbenden soll er höhnisch mit den Worten „Hört ihr, wie die Kornmäuslein pfeifen?" kommentiert haben. Da kamen der Sage nach tausende Mäuse aus allen Ecken gekrochen und trieben den Bischof in die Flucht. Hatto soll zur Insel gefahren, dort aber von den Mäusen bei lebendigem Leibe aufgefressen worden sein.

Reisemobilstellplätze an oder nahe der Route

Wohnmobilstellplatz Mainz, Doktor-Martin-Luther-King-Weg 21, Mainz

Wohnmobilstellplatz Parkplatz Mainzer Straße, Mainzer Straße 123, Bingen am Rhein

Wohnmobilpark Bingen, Ausserhalb-Gaulsheim 11, Bingen

Wohnmobilstellplatz am Camping Sonnenstrand, Strandbadweg 9, Bacharach

E-Bike Ladestationen an oder nahe der Route

E-Bike Ladestation, Unteraue 38, Heidesheim-Heidenfahr

E-Bike Ladestation, Hindenburganlage 2, Bingen am Rhein

E-Bike Ladestation, Oberstraße 10, Bacharach

Der Turm wurde im Dreißigjährigen Krieg und im Pfälzischen Erbfolgekrieg stark beschädigt. 1855 ließ der preußische König Friedrich Wilhelm IV. den Turm im neugotischen Stil neu errichten. Als Signalturm diente er der Sicherheit der Rheinschifffahrt an der gefährlichen Engstelle des Binger Lochs noch bis 1974.

Das **Binger Loch** passieren Sie unmittelbar hinter dem Mäuseturm. Es stellte bis ins 19. Jahrhundert ein bedeutendes Hindernis für die Schifffahrt dar. An dieser Stelle überquerte der Rhein ein quer zum Fluss verlaufendes Quarzit-Riff. Für die Schifffahrt passierbar wurde die Stelle erst, nachdem im 17. Jahrhundert in die Felsbarriere eine Scharte gesprengt wurde: das Binger Loch. Vom Riff sind noch drei Felsen zu sehen: die Lochsteine. 1893–94 wurde das Binger Loch auf 30 Meter verbreitert und 1966–74 auf 120 Meter. Heute stellt das Binger Loch kein wesentliches Hindernis mehr dar.

Sie radeln weiter auf dem Rheinradweg nach Trechtingshausen.

Kurz vor Trechtingshausen steht die spätromanische **Clemenskapelle**. Die Kirche entstand im zweiten Viertel des 13. Jahrhunderts und ist weitestgehend unverändert erhalten geblieben. Im Innern sind fünf Bankreihen eines Chorgestühls aus dem frühen 16. Jahrhundert mit z. T. figürlichen Schnitzereien sehenswert.

Zur Linken, hoch über dem Ort, thront die **Burg Reichenstein**. 1213 errichtet, war sie seit dem 16. Jahrhundert dem Verfall überlassen. Die Reste wurden 1689 im Pfälzischen Erbfolgekrieg gesprengt. 1899 bis 1902 ließ der Besitzer der Rheinböllerhütte, Kirsch-Puricelli, die Burg zu einer neugotischen Wohnburg im Tudorstil umbauen.

Unsere Tour führt weiter auf dem Rheinradweg nach Bacharach.

Oberhalb von Niederheimbach steht auf einem Felsvorsprung die Heimburg, auch Burg Hohneck genannt. Die 1344 erstmals genannte Burg wurde wie die meisten Burgen im Pfälzischen Erbfolgekrieg zerstört und im Zuge der Rheinromantik teilweise wiederaufgebaut.

In der [3] **Altstadt** von Bacharach sind zahlreiche Fachwerkhäuser erhalten. Eines der bedeutendsten

„Altes Haus" in Bacharach

mittelalterlichen Fachwerkhäuser am Rhein ist das „Alte Haus" am nördlichen Ende der Stadt in der Oberstraße 61. Es wurde 1586 errichtet, ein Vorgängerbau geht auf das Jahr 1368 zurück. Es verfügt über vier Giebel, Ecktürmchen und Rokokotüren im Stil des rheinischen Fachwerks. Im Inneren zieren die Wände des Restaurants aufwendige Malereien, die in der Zeit zwischen dem Ende des 19. Jahrhunderts und etwa 1920 gefertigt wurden. Besonders beeindruckend ist der „Loreleyzyklus".

Sehr gut erhalten ist auch die mittelalterliche **Stadtbefestigung**, deren Türme am Rheinufer durch einen überdachten Wehrgang verbunden sind. 1344 wurde der Bau der Stadtmauer begonnen und schon um 1400 vollendet. Damals umschloss eine halbkreisförmige Wehrmauer mit 16 Türmen die Stadt. 1689 wurden vier Türme von den Franzosen zerstört. Im 19. Jahrhundert wurden zwei weitere Türme bei der Verbreiterung der heutigen Oberstraße abgetragen.

Überragt wird Bacharach von der **Burg Stahleck**. Sie wurde um die Wende vom 11. bis 12. Jahrhundert errichtet und diente zeitweise auch als Zollburg. Durch Sprengungen im Pfälzischen Erbfolgekrieg 1689 wurde die Burg zur Ruine. Ab 1925 wurde sie als Jugendherberge wiederaufgebaut.

*Am Ortseingang von Bacharach halten Sie sich links (**Wegepunkt** ❹ und radeln über den Strandbadweg parallel zu den Schienen zum Bahnhof – unserem Tourziel.*

Das Gebiet des heutigen Mainz war schon zur letzten Eiszeit vor 20.000 bis 25.000 Jahren eine beliebte Raststätte für Jäger, wie sich bei archäologischen Ausgrabungen zeigte. Später siedelten sich Kelten an, die die Gottheit Mogon verehrten. Als die Römer nach dem Gallischen Krieg (52 v. Chr.) an den Rhein vorstießen, nannten sie ihr um 13/12 v. Chr. gegründetes Legionslager „Mogontiacum".

MAINZ

Die heutige Altstadt mit ihren verwinkelten Straßen und Gassen rund um die Augustinerstraße erinnert noch ein wenig an das mittelalterliche und frühneuzeitliche Stadtbild. Große Teile der historischen Altstadt wurden jedoch durch die britischen Luftangriffe auf Mainz im Zweiten Weltkrieg zerstört oder beschädigt und später modern überbaut.

Bedeutendstes Bauwerk der Stadt ist der **Hohe Dom St. Martin zu Mainz**, der zwischen 975 und 1009 errichtet wurde, allerdings bis 1137 dreimal abbrannte und in allen Bauepochen der Romanik wiederaufgebaut wurde. Später kamen auch gotische Elemente hinzu.

Westlich des Doms steht die St.-Johannis-Kirche, die vermutlich zuvor Domkirche des Bistums war. Sie wurde 910 geweiht und in spätkarolingischen Formen errichtet. Nach Zerstörungen im Zweiten Weltkrieg wurde sie mehrfach überformt.

Ein bedeutendes Bauwerk der Spätrenaissance in Deutschland ist das **Kurfürstliche Schloss**, die ehemalige Stadtresidenz der Mainzer Erzbischöfe.

1627 wurde unter Erzbischof Georg Friedrich von Greiffenklau ein neuer Schlossbau begonnen, dessen Rheinflügel bedingt durch den Dreißigjährigen Krieg erst 1687 vollendet wurde. Der Nordflügel des Kurfürstlichen Schlosses wurde im wesentlichen 1752 fertiggestellt und in den Folgejahren ausgestattet.

Im Zweiten Weltkrieg wurde das Schloss bei einem Luftangriff im August 1942 stark zerstört und brannte zwei Tage lang aus. Nur die Fassaden und Teile der Treppenanlagen blieben erhalten. Nach dem Krieg wurde zunächst der Nordflügel wiederaufgebaut, allerdings wurde nur das Äußere originalgetreu wiederhergerichtet. Der Ostflügel beherbergt heute das

Römisch-Germanische Zentralmuseum, im Nordflügel gibt es den „Akademiesaal", in dem jährlich die Karnevalssitzung „Mainz bleibt Mainz, wie es singt und lacht" stattfindet.

Ebenfalls aus der Renaissance stammt das Haus Zum Römischen Kaiser, in dem heute das **Gutenberg-Museum** untergebracht ist, sowie der zwischen 1609 und 1614 errichtete Ältere Dalberger Hof.

Der von Erzbischof Albrecht gestiftete **Marktbrunnen** gehört zu den prächtigsten Renaissancebrunnen Deutschlands. Das **Alte Zeughaus** entstand 1604/05.

Domplatz

Im Barock erlebte Mainz vor allem während des Episkopats Lothar Franz' von Schönborn (1695–1729) einen Bauboom. Am Schillerplatz, an der Großen Bleiche, in der Klarastraße sowie am Rhein finden sich noch heute mehrere Adelshöfe des Mainzer Stiftsadels.

Zu den bedeutendsten erhaltenen Bauten des 19. Jahrhunderts zählen die **evangelische Christuskirche**, der **Hauptbahnhof** und die **Rheinbrücke**.

Auch Festungen haben die Stadt geprägt. Teile der alten römischen und mittelalterlichen Stadtbefestigung sind noch vorhanden. Aus dem Barock stammt das **Palais** des Festungskommandanten, das mit der **Zitadelle** über der Stadt thront. Im **Holzturm** am Rhein war der als „Schinderhannes" bekannte Räuberhauptmann Johannes Bückler 18 Monate lang bis zu seiner Hinrichtung am 21.11.1803 inhaftiert.

Die Zeit der Mainzer Erzbischöfe, die zugleich Kurfürsten waren, endete 1792, als französische Revolutionstruppen die Stadt und das linke Rheinufer eroberten und im März 1793 die Gründung der „Mainzer Republik" herbeiführten. 1816 kam Mainz zum Großherzogtum Hessen.

1945 wurde Mainz erneut von den Franzosen besetzt. Die Grenze zwischen französischer und amerikanischer Besatzungszone bildete auf der Höhe von Mainz der Rhein. Damit kamen die rechtsrheinischen Stadtteile von Mainz zu Hessen. Die Stadtteile nördlich der Mainmündung wurden nach Wiesbaden eingemeindet, die südlichen Stadtteile wurden selbstständige Gemeinden im Landkreis Groß-Gerau. Mit der Neubildung der Länder Hessen und Rheinland-Pfalz wurde die Teilung dauerhaft. Mainz wurde zur rheinland-pfälzischen Landeshauptstadt.

Marktbrunnen

Museum Kaiserpfalz
in Ingelheim

Tour 3 Länge 45 km

IN DER HEIMAT DER KURFÜRSTEN

Rundtour von Mainz über Ingelheim

Eine landschaftlich reizvolle Tour mit zwei deutlichen Anstiegen durch und entlang von Naturschutzgebieten zwischen dem Kurfürstlichen Schloss in Mainz und der Kaiserpfalz in Ingelheim.

Was erwartet mich?

45 km, 189 Höhenmeter, eine Tour überwiegend auf asphaltierten und geschotterten Wirtschaftswegen – beschildert zum Teil als Rheinradweg und Hiwwel-Route.

Wie komm ich hin?

ÖPNV: Hauptbahnhof Mainz
Mit dem Auto: A 60, Abfahrt 19 (Mainz-Finthen), weiter über die L 419 nach Mainz, dort Bahnhofplatz.

Was muss ich sehen?

1 **Museum bei der Kaiserpfalz** in Ingelheim
2 **Naturschutzgebiet „Sandlache“**
3 **Kurfürstliches Schloss** in Mainz

Wo tank ich auf?

Schlossbiergarten, Diether-von-Isenburg-Straße 1, Mainz
Ingelheimer Sommergarten, Rheinstraße, Ingelheim am Rhein
Café & Restaurant „Rheinterrasse“, Unteraue 38, Ingelheim am Rhein

Kartentipp: **ADFC Regionalkarten Rheinhessen**

TOURSTART

Der Hauptbahnhof in Mainz verfügt über Aufzüge.

Sie starten vom Hauptbahnhof halblinks und folgen der Beschilderung der Hiwwel-Route durch die Bonifaziusstraße zum Bonifaziusplatz.

Die **Pfarrkirche St. Bonifaz** wurde Ende des 19. Jahrhunderts in der Mainzer Neustadt gegründet. Die Kirche wurde bei Luftangriffen 1945 vollständig zerstört. Der heutige Bau wurde 1954 fertiggestellt.

Hinter der Kirche erheben sich die **Bonifazius-Türme**, die beiden höchsten Gebäude in Mainz. Sie enthalten Büros verschiedener Unternehmen. Erste Planungen sahen 1971 einen 130 Meter hohen, einzelnen Turm vor. Nach Protesten wurden zwei Türme errichtet, die nur 100 Meter hoch sein sollten. Die Bauarbeiten begannen 1975. 1978 erfolgte die Eröffnung der Büros.

*Sie radeln weiter in Fahrtrichtung durch die Adam-Karrillon-Straße und lenken auf der Hiwwel-Route nach 400 Metern nach links (**Wegepunkt ❶**) in die Hindenburgstraße und kommen später vorbei am Firmengelände der Schott-AG.*

Die Schott AG ist vor allem für die Herstellung von Spezialglas und Glaskeramik bekannt. Das 1884 in Jena gegründete Unternehmen hat seinen Hauptsitz in Mainz und beschäftigt weltweit rund 17.200 Mitarbeiter in mehr als 30 Ländern.

Die insgesamt 164 Kilometer lange **Hiwwel-Route** führt über viele Hügel, die in Rheinhessen „Hiwwel" genannt werden, von Bingen im Nordwesten über Mainz ins Herz von Rheinhessen nach Wörrstadt und Alzey bis in den Südosten. Als gut ausgebauter Radweg lassen sich Etappen dieser Route – wie hier – in individuelle Streckenplanungen einbauen.

*Sie unterqueren die Bahnschienen nach links (**Wegepunkt ❷**) und folgen der Hiwwel-Route mit einem Links-Rechts-Knick parallel zur Bahnlinie durch einen Grünzug.*

Hauptbahnhof in Mainz mit den Bonifaziustürmen im Hintergrund

Der Ortsteil Mainz-Finthen, den Sie im Norden streifen, ist in der Region bekannt für seinen guten Spargel.

Die Tour führt weiter auf der Hiwwel-Route durch das Naturschutzgebiet Höllenberg.

Geschützt werden in diesem **Naturschutzgebiet** offene Sandflächen, Sandpionierflure, Sandheiden (Sand- und Steppenrasen), Sandkiefernheiden, aber auch obstbaulich genutzte Flächen, Streuobstwiesen, Brachflächen unterschiedlichster Ausprägung, Alt- und Totholz sowie Einzelgehölze als Lebensraum für typische, zum Teil seltene und gefährdete, an diese Biotoptypen gebundene wildwachsende Pflanzen- und wildlebende Tierarten sowie deren Lebensgemeinschaften.

Auch beim angrenzenden **Naturschutzgebiet „Hangflächen südöstlich Heidesheim"** handelt es sich um einen reich strukturierten Kulturlandschaftsbereich, zum Teil mit offenen Sandflächen, Sandkiefernheiden, Trockenwald, obstbaulich genutzten Flächen, Streuobstwiesen, naturnahen Quell- und Gewässerbereichen, Hohlwegen und Hecken.

Burg Windeck

Auf der Hiwwel-Route radeln Sie jetzt nach Heidesheim, einen Ortsbezirk der Stadt Ingelheim am Rhein.

Im Norden der Gemeinde Heidesheim, südlich des Bahnhofs steht, die **Turmburg Windeck**. Der viereckige Wehrturm in ihrer Mitte dürfte vor 1150 erbaut worden sein. Die Burg wurde seit 1993 aufwändig restauriert, ist aber nicht zu besichtigen.

Die am südwestlichen Ortsrand (Grabenstraße 44/46) gelegene **Schlossmühle** ist ein herrschaftliches Anwesen aus dem 13. Jahrhundert. Die im Hauptgebäude befindliche Mühle wurde in den 1920er Jahren zu repräsentativen Wohnräumen umgebaut.

Sie radeln weiter auf der Hiwwel-Route nach Ingelheim.

600 Meter hinter dem Ortsende von Heidesheim sehen Sie rechter Hand Überreste der karolingischen Wasserleitung.

Karl der Große errichtete am Ende des 8. Jahrhunderts bei Ingelheim eine prächtige **Königspfalz**. Zu dieser Anlage führte eine aufwändige, fast 7 km lange Fernwasserleitung. Der aus Kalkbruchsteinen gemauerte Kanal mit einem Gewölbeabschluss wurde unterirdisch angelegt, etwa einen halben Meter unter der Erdoberfläche.

In Nieder-Ingelheim überqueren Sie auf der Heidesheimer Straße die Untere Stiftsstraße (L 419, ***Wegepunkt ❸****) und biegen an der nächsten Kreuzung rechts in die Straße „Auf dem Graben". Hier verlassen wir die Hiwwel-Route.*

Geradeaus führt die Straße „Im Saal" zur **Saalkirche**. Die Kirche wurde 997 als Kapelle St. Peter der Kaiserpfalz errichtet. Sie ist der besterhaltene Teil der ehemaligen Kaiserpfalz. Ihre heutige Form erhielt sie im 12. Jahrhundert unter Kaiser Barbarossa. Ihren Namen erhielt die Kirche wegen ihrer Lage im „Saal", wie das umliegende Gebiet genannt wird. Kaiser Karl IV. gründete 1345 ein Augustiner-Chorherrenstift, dem die Kirche zugeordnet wurde. Im Zuge der Reformation wurde das Stift 1576 aufgehoben und die Kirche aufgegeben. Während des Dreißigjährigen Krieges war die Kirche bis auf den Chor und die Mauern des Querschiffs eingestürzt.

Nach dem Ende des pfälzischen Erbfolgekrieges wurde die Saalkirche der reformierten Gemeinde zugewiesen, die sie ab 1707 wieder nutzte. 1794 von französischen Revolutionstruppen beschlagnahmt, diente die Kirche als Pferdestall, Hospital und Gefängnis. Erst 1803 konnte erneut mit der Renovierung begonnen werden. Die vollständige Rekonstruktion der Kirche wurde erst 1965 abgeschlossen.

Die im 8. Jahrhundert errichtete **Ingelheimer Kaiserpfalz** diente den Kaisern und Königen bis ins 11. Jahrhundert als Aufenthalts- und Regierungsort. Von der einstigen Pfalz sind nur noch Reste erhalten wie die Aula Regia und das Heidesheimer Tor. Der größere Teil der Anlage liegt als Fundament unter der Erde.

Kaiserpfalz in Ingelheim

Das **Heidesheimer Tor** war in der karolingischen Zeit östlichster Aus- und Eingang der Kaiserpfalz. Vom einstigen Tor mit zwei Türmen links und rechts vom Torbogen ist nichts mehr zu sehen, da das Tor im 13. Jahrhundert im Zuge des Umbaus zur mittelalterlichen Wehrarchitektur zugemauert und die Türme abgetragen wurden.

Das 1 **Museum** bei der Kaiserpfalz informiert in einer eigenen Abteilung über die nach 785 von Karl dem Großen in Ingelheim erbaute Kaiserpfalz. Präsentiert werden archäologische Kleinfunde, Objekte aus dem Bereich der Bauplastik sowie ein anschauliches Modell des einst imposanten Bauwerks. Reste der Kaiserpfalz sind in unmittelbarer Nähe des Museums zu besichtigen. Von europäischer Bedeutung ist der 1996 gefundene goldene Solidus, die bisher einzige gefundene Goldmünze mit dem Bildnis Karls des Großen.

*Am Ende der Straße „Auf dem Graben" führt ein Radweg halbrechts zur Straße „Vorderer Böhl", in die Sie nach links einbiegen. Nach 300 Metern lenken Sie halblinks auf den Radweg, der Sie weiter geradeaus zum Kreisverkehr „Am Langenberg" (**Wegepunkt** ❹) führt.*

Reisemobilstellplätze an oder nahe der Route

Wohnmobilstellplatz Mainz, Doktor-Martin-Luther-King-Weg 21, Mainz
Wohnmobilstellplatz Ingelheim am Rhein, Im Blumengarten, Ingelheim am Rhein
Wohnmobilstellplatz am Wein- und Sektgut Menk, Außenliegend 143, Ingelheim am Rhein

E-Bike Ladestationen an oder nahe der Route

E-Bike Ladestation an der Volksbank, Breite Str. 23-27, Mainz-Gonsenheim
E-Bike Ladestation, Unteraue 38, Heidesheim-Heidenfahr
E-Bike Ladestation, Binger Str. 16, Ingelheim am Rhein
E-Bike Ladestation, am Brauhaus „Goldener Engel", Neisser Straße 1, Ingelheim am Rhein
E-Bike Ladestation, In der Rheingewann 1, Ingelheim am Rhein

*Dort unterqueren Sie die Bahnlinie, fahren links über den Wohnmobilstellplatz und biegen rechts in die Straße „Im Blumengarten" ab. Hier treffen wir wieder auf den Hiwwel-Radweg, folgen ihm am Sportzentrum vorbei und unterqueren nach einem Links-Rechts-Knick die A 60, bis Sie nach 1 km an den Rheinradweg (**Wegepunkt ❺**) stoßen, in den Sie nach rechts einbiegen.*

Sie radeln jetzt durch das **2 Naturschutzgebiet „Sandlache"** entlang des 3 km langen Altrheinarms „Alte Sandlach" parallel zum Rheinufer. Die „Sandlache" als stehendes Gewässer ist von Weichholz- und Hartholzauenwald umgeben. Hier nisten Nachtigall und Pirol, Klein-, Mittel- und Buntspecht, am Rande des Gebietes brüten auch Weißstörche.

Sie radeln weiter auf dem Rheinradweg in den Ortsteil Heidenfahrt.

In Heidenfahrt wurde von 2001 bis 2004 das Rheinufer neu gestaltet und ist heute ein beliebtes Ausflugsziel. Von der Promenade bietet sich eine schöne Aussicht auf den Rheingau.

Gegenüber liegt die **Rheininsel Mariannenaue**. Hier brüten Kormorane, Graureiher und Schwarzmilane und auch eine seltene Biberart lebt dort. In den Auenwäldern stehen bis zu 400 Jahre alte Bäume. Die Insel wird zugleich vom Weingut Schloss Reinhartshausen bewirtschaftet. Auf 23 Hektar gedeiht die Rebsorte Chardonnay besonders gut.

Anschließend passieren Sie die **Insel Königsklinger Aue**, die mit einer Fläche von rund 80 Hektar etwa doppelt so groß ist wie die Insel Mainau im Bodensee. An der breitesten Stelle ist die Insel 500 Meter breit. Sie gehört seit 1992 zum Naturschutzgebiet Haderaue-Königsklinger Aue und bietet Sandbänke, Auewiesen und Auewaldreste als Standorte seltener wildwachsender Pflanzenarten und Tierarten.

Sie radeln weiter auf dem Rheinradweg nach Budenheim. Dort lenken Sie nach links und am Fähranleger

Naturschutzgebiet „Sandlache"

*nach rechts (**Wegepunkt ❻**), um am Rheinufer den Blick auf den Fluss zu genießen.*

Linker Hand liegt jetzt das Naturschutzgebiet „**Mombacher Rheinufer**". Es ist der letzte naturnahe Auebereich des Rheins im Stadtgebiet von Mainz und seit 1995 ein Naturschutzgebiet. In dem 64 Hektar großen Biotop leben viele Pflanzen und Tiere, die auf der roten Liste der gefährdeten Arten stehen, darunter Großer Wiesenknopf, heimische Schwarzpappel, Spechte, sowie Watvögel und Störche.

*Sie radeln weiter auf dem Rheinradweg nach Mainz und biegen hinter dem Zollhafen an der Frauenlob Barke (**Wegepunkt ❼**) rechts in die Frauenlobstraße ein.*

Das 3 **Kurfürstliche Schloss** befindet sich wenige Meter weiter am Flussufer entlang. (Eine ausführliche Beschreibung lesen Sie in Tour 2, S. 26)

Unsere Tour führt von der Frauenlobstraße nach 300 m links in die Raimundstraße und die nächste rechts in die Adam-Karillion-Straße. In Fahrtrichtung gelangen Sie zum Hauptbahnhof Mainz, Ihrem Ausgangspunkt.

Mehr zu den Sehenswürdigkeiten im Ort lesen Sie im **Ortsporträt Mainz** (S. 34).

Hochheim

Tour 4 Länge 39 km

ZWISCHEN BIO-LANDWIRTSCHAFT UND WEINANBAU

Rundtour von Wiesbaden über Hochheim

Eine abwechslungsreiche Tour mit vielen Entdeckungen im Südosten von Wiesbaden – vom Hauptbahnhof über Erbenheim nach Hochheim und am Main und Rhein zurück.

Was erwartet mich?

38,5 km, 117 Höhenmeter, eine etwas hügelige Tour überwiegend auf asphaltierten Wirtschaftswegen.

Wie komm ich hin?

ÖPNV: Hauptbahnhof Wiesbaden

Mit dem Auto: A 66, Abfahrt 5 (Wiesbaden – Mainzer Straße), weiter über die B 263 in Richtung Innenstadt, dort Bahnhofplatz.

Was muss ich sehen?

1 Domäne Mechtildshausen
2 Altstadt von Hochheim
3 Biebricher Schloss

Wo tank ich auf?

Wirtshaus Straßenmühle, Straßenmühlweg 4, Wiesbaden

Zum Woigiggel, Neudorfgasse 8, Hochheim am Main

Rhein-Main-Terrasse, Maaraue 21, Wiesbaden

Dilthey-Haus, Am Schloßpark 129, Wiesbaden

Kartentipp: **ADFC Regionalkarte Frankfurt a. Main/ Wiesbaden/Darmstadt**

TOURSTART

Der Hauptbahnhof in Wiesbaden ist ein Kopfbahnhof. Die Gleise sind ebenerdig zu erreichen.

Sie starten am Bahnhof, nehmen den Ausgang Ost und radeln auf dem Radweg neben dem Gustav-Stresemann-Ring nach rechts. Nach 800 Metern biegen Sie vor der BRITA-Arena rechts in die Wettinerstraße.

Die **BRITA-Arena** wurde im Oktober 2007 fertiggestellt und ist seither das Stadion des SV Wehen Wiesbaden. Namensgeber der Arena ist der Hauptsponsor. Ursprünglich sollte die Arena aus Stahlrohrtribünen nur ein Provisorium für fünf Jahre sein, nachdem der Bau eines neuen Stadions mit dem Aufstieg des Vereins in die 2. Fußball-Bundesliga notwendig geworden war. Als jedoch kein neuer Standort gefunden wurde, beschloss der Magistrat der Stadt Wiesbaden 2014 einen geänderten Bebauungsplan, um ein dauerhaftes Stadion an dieser Stelle zu schaffen. Nach einem Nutzungsvertrag von 2018 wird der SV Wehen Wiesbaden bis 2047 seine Spiele in der BRITA-Arena austragen.

*Nach 1,5 km stoßen Sie auf den Siegfriedring (**Wegepunkt ❶**), in den Sie nach rechts lenken und gleich darauf nach links in die Kriemhildenstraße.*

Sie passieren den **Südfriedhof**, den größten Friedhof Wiesbadens. Sein Krematorium wurde 1912 als eines der ersten Preußens in Betrieb genommen und bis 1997 genutzt. Auf dem Gelände befindet sich ein britischer Militärfriedhof. Eine Tafel am Eingang trägt die Inschrift British Military Cemetery 1926–1929. Auch viele sowjetische Kriegsgefangene, die in Wiesbaden ermordet wurden oder bei Bombenräumarbeiten ums Leben kamen, sind hier bestattet.

Das bekannteste Grab ist das von **Manfred von Richthofen**. Der 1892 geborene Jagdflieger-Offizier mit dem Beinamen „Der Rote Baron" starb 1918 beim Luftkampf an der Westfront.

Am Ende der Kriemhildenstraße führt der Radweg weiter südlich entlang des Dyckerhoffbruchs, einem ehemaligen Kalksteinbruch und heutige Deponie, und weiter parallel zur Bahnlinie.

Der aus dem Tertiär stammende Kalkstein wurde ab 1870 durch die Firma Portland-Cement-Fabrik

Wiesbaden

Dyckerhoff & Söhne aus Mainz-Amöneburg abgebaut. Innerhalb von 138 Jahren wurden hier über 110 Millionen Tonnen Kalkstein zur Herstellung von Zement abgebaut.

Ab 1950 wurden in der daneben gelegenen „Deponie Mainzer Straße" Bauschutt, Müll, häusliche und gewerbliche Siedlungsabfälle deponiert. Seit 2005 wird hier Asche aus Müllverbrennungsanlagen, Gießereisand, Böden oder Asbest eingelagert. Hier wurden nahezu sämtliche Asbestabfälle aus Hessen und auch einige aus dem europäischen Ausland deponiert.

Etwa ein Drittel der Deponiefläche wurde mittlerweile rekultiviert und dient als Rückzugsgebiet für Vögel wie Weißstorch, Graureiher, Schwarzmilan, Habicht, Mäusebussard, Pirol, Uhu und Nachtigall. Der nördlichste Steinbruch „Kalkofen" wird nicht verfüllt, sondern bleibt als 39 Hektar großes Biotop mit Tümpeln, Wiesen und Steilwänden erhalten.

*Sie überqueren anschließend mit den Bahnschienen unmittelbar nördlich des Autobahnkreuzes der A 66 die B 455, biegen links ab (**Wegepunkt ❷**) und gelangen nach Erbenheim. Sie radeln vorbei am Bahnhof Wiesbaden-Erbenheim durch die Bahnstraße bis zur Berliner Straße, lenken kurz nach rechts und gleich darauf nach links in die Köhlstraße. Vor der Pizzeria lenken Sie kurz nach rechts in die Buschungstraße und dann sofort nach links auf den Radweg (Grabenweg), der um den Stadtkern führt.*

Im Mittelalter war Erbenheim eine selbständige Stadt. Die Erbenheimer Warte war ein Wachturm der Mainzer Landwehr und in der Gemeinde wurde auch Weinanbau und Schafzucht betrieben. Die im Kern mittelalterliche Pauluskirche mit dem Chorturm an der Süd-Ost-Ecke des Kirchenschiffs wurde 1729–31 barock überformt und erhielt ihr heutiges Aussehen.

*Vor der Grünfläche des Schatzinselgartens lenken Sie nach links und stoßen wieder auf die Berliner Straße (**Wegepunkt** ❸). Sie biegen hier kurz nach links und gleich darauf nach rechts in die Rennbahnstraße.*

Ihr Name erinnert an die 1910 eröffnete **Erbenheimer Rennbahn**, auf der berühmte Pferderennen veranstaltet wurden, bevor das Gelände 1929 zum Zivilflughafen umfunktioniert wurde, nachdem hier schon vor dem Ersten Weltkrieg Starts und Landungen von Flugzeugen erfolgten.

*Nachdem Sie die Autobahn A 66 und die Bahnlinie unterquert haben, lenken Sie nach rechts und nach einer Rechtskurve nach links (**Wegepunkt** ❹). Nach 300 Metern stoßen Sie auf eine Hauptstraße, die in die Siedlung der US-Armee führt. Hier biegen Sie nach links und halten sich nach 600 Metern vor den ersten Häusern dieser Siedlung halbrechts und radeln in die Nassauer Streuobstlandschaft zur Domäne Mechtildshausen.*

Domäne Mechthildshausen

Die 1 **Domäne Mechtildshausen** diente bereits zur Zeit der Karolinger der Bewirtschaftung der Felder. Bis in die 1980er Jahre wurde die Domäne als landwirtschaftlicher Betrieb verpachtet. Heute bildet die Wiesbadener Jugendwerkstatt dort benachteiligte Jugendliche aus und reintegriert Langzeitarbeitslose in das Berufsleben. Die landwirtschaftliche Produktion wurde auf organisch-biologische Grundsätze umgestellt und ist als Bioland-Betrieb anerkannt. Neben dem **Hofmarkt** mit Obst und Gemüse bieten auch eine Metzgerei und eine Bäckerei ihre Produkte an. Darüber hinaus gibt es ein Restaurant, ein Café sowie ein Gästehaus.

Sie radeln weiter an der Siedlung der US-Armee vorbei und lenken an deren Ende nach links in Richtung Delkenheim. Sie streifen im Rahmen dieser Route diesen Ortsteil von Wiesbaden und biegen hinter der großen

*Kreuzung vor dem alten Ortskern nach rechts (**Wegepunkt ❺**) auf den Radweg.*

Wenn Sie einen kurzen Abstecher unternehmen möchten: Im alten Ortskern von Delkenheim gibt es einige schöne **Fachwerkhäuser** sowie die Straußwirtschaft „Zur Mühle".

*Der Radweg führt vorbei am Wirtshaus Straßenmühle, hinter dem Sie nach rechts und unmittelbar danach nach links einbiegen und das Landgut Wickerbachmühle passieren. Nach 600 Metern stoßen Sie auf die Massenheimer Landstraße (K 782, **Wegepunkt ❻**), in die Sie nach rechts in Richtung Hochheim am Main lenken.*

Fachwerkhäuser in Hochheim

Die **2 Altstadt** von Hochheim steht insgesamt unter Denkmalschutz. Den Stadtkern überragt die Kirche St. Peter und Paul, die einzige hessische spätbarocke Fresko-Kirche. Sie wurde in den Jahren 1730 bis 1732 auf den Fundamenten der Vorgängerkirche erbaut. Aus dem Jahr 1775 stammen die spätbarocken Fresken im Kirchenschiff und Hochchor sowie an den beiden Emporenbrüstungen.

Bekannt ist Hochheim für seinen **Weinbau** mit 241 ha Rebfläche. Der Name der Stadt ist seit einem Besuch der britischen Königin Viktoria im Jahr 1845 im englischsprachigen Raum als Hock zum Synonym für Wein aus dem Rheingau geworden. Vom 19. bis in die erste Hälfte des 20. Jahrhunderts war die Stadt zudem ein Zentrum der Sektproduktion. So wurde hier 1837 die rheinische Sektkellerei Burgeff mit der Marke „Mumm" gegründet.

In Hochheim stoßen Sie hinter dem Sportplatz auf den Breslauer Ring, in den Sie nach rechts einbiegen und das Stadtzentrum umfahren. Nach 1,8 km sehen Sie zur Linken den Wasserturm.

1896 erbaut, gehörte der **Wasserturm** zum örtlichen Wasserwerk. Nach seiner Stilllegung 1966 wurde der

Reisemobilstellplätze an oder nahe der Route

Reisemobilhafen Wiesbaden, Saarstraße/Wörther-See-Straße 29, Wiesbaden

E-Bike Ladestationen an oder nahe der Route

Radboxen mit Lademöglichkeit, Hauptbahnhof Wiesbaden am Gleis 11

marode Hochbehälter 1972 demontiert. 1983 erfolgte ein Umbau zur gastronomischen Nutzung und 1994 wurde der heutige Kopf aufgesetzt, der an den früheren Wasserbehälter erinnert. Der runde, sich nach oben verjüngende Backsteinturm erreicht eine Höhe von 31 Metern, der Durchmesser liegt bei knapp neun Metern. Das Portal ist neoklassizistisch.

*Hinter dem Wasserturm lenken Sie links in die Burgeffstraße und nach 100 m rechts in die Wiesbadener Straße. Am Ortsende geht es in Fahrtrichtung weiter durch die Weinberge, wo der Radweg nach rechts zur A 671 abknickt. Am Ende links (**Wegepunkt ❼**) und hoch zur Autobahn. Parallel zur Autobahn überqueren Sie den Main und lenken nach rechts zum Mainufer – vorbei an der Mainschleuse von Ginsheim-Gustavsburg. In einer Linksschleife gelangen Sie auf die nächste Brücke und überqueren, der Beschilderung des Rheinradwegs folgend, den Main nach Wiesbaden.*

Sie bleiben weiter auf dem Rheinradweg und lenken am anderen Ufer nach rechts, um zum Fluss zu gelangen. Am Ufer biegen Sie nach rechts und folgen der Radwege-Beschilderung bis zur Mainmündung und weiter entlang des Rheins radeln. Sie passieren den Campingplatz Maaraue, überqueren danach auf einer kleinen Brücke einen Altrheinarm und gelangen nach Mainz-Kastel, einem Ortsbezirk von Wiesbaden.

Reduit in Mainz-Kastel

Kastel war ein **historischer Brückenkopf** von Mainz auf dem rechten Rheinufer gegenüber der Mainzer Altstadt. Bei der Aufteilung Deutschlands 1945 in vier Besatzungszonen bildete hier der Rhein die Grenze zwischen der französischen und amerikanischen Zone.

Sie radeln weiter auf dem Rheinradweg entlang des Kasteler Museumsufer.

In der ehemaligen „Bastion Schönborn" befindet sich das **Kasteler Flößermuseum**. Das heute „die Reduit" genannte Gebäude diente ursprünglich als Reduit-Kaserne des Brückenkopfes Kastel der Bundesfestung Mainz. Die „Rundumverteidigungsanlage" Reduit, wurde 1830 bis 1832 zur Sicherung der schwimmenden Brücke über den Rhein als Festung des Deutschen Bundes errichtet.

Biebricher Schloss

Die Schiffsbrücke war bereits vom Mainzer Kurfürsten Johann Philipp von Schönborn nach dem Ende des Dreißigjährigen Krieges erbaut worden. In der Großen Kirchenstraße nahe der katholischen Pfarrkirche St. Georg, blieb ein römischer Ehrenbogen erhalten.

Unsere Tour führt weiter auf dem Rheinradweg flussabwärts über Mainz-Amöneburg nach Wiesbaden-Biebrich.

Das barocke 3 **Biebricher Schloss** wurde zwischen 1700 und 1750 am Rheinufer als Residenzschloss der Nassauischen Herzöge errichtet. Der 50 ha große Schlosspark wurde im Stil englischer Landschaftsgärten mit einem Teich und der künstlichen Ruine Mosburg angelegt.

*Am Ende des Schlossparks (**Wegepunkt 8**) lenken Sie rechts in die Straße „Am Parkfeld" und stoßen nach 2,2 km auf die Appelallee, in die Sie nach rechts einbiegen. Nach 600 m lenken Sie links in den Radweg neben der Biebricher Allee. Nach 2,7 km fahren Sie rechts in die Klingholzstraße und folgen der Beschilderung zum Hauptbahnhof, Ihrem Ausgangspunkt.*

Nehmen Sie sich noch Zeit für eine Besichtigung. Weitere Informationen finden Sie im Ortsporträt Wiesbaden (S. 52).

Die Landeshauptstadt von Hessen zählt mit ihren 15 Thermal- und Mineralquellen zu den ältesten Kurbädern Europas.

WIESBADEN

Schon die Römer kannten die heißen Quellen, in deren Nähe sie um 6 bis 15 n. Chr. eine Befestigung errichteten. Die Quellen wurden erstmals um 77 n. Chr. von Plinius dem Älteren beschrieben.

828/830 erwähnte Einhard, der Biograf Karls des Großen, erstmals den Namen Wisibada („heilendes Bad"). 1806 wurde Wiesbaden Regierungssitz und Hauptstadt des Herzogtums Nassau und erlebte eine rasche und vornehme städtebauliche Entwicklung.

Nach dem Deutschen Krieg zwischen Preußen und Österreich wurde Nassau 1866 von Preußen annektiert. Obwohl Wiesbaden den Status als Residenzstadt verlor, wurde die Stadt als Kurbad, Kongressstadt und Verwaltungssitz weiter ausgebaut. Als **„Nizza des Nordens"** und „Kaiserstadt" bezeichnet, lockte die Stadt Kaiser Wilhelm II. und im Gefolge des kaiserlichen Hofstaats zahlreiche Adlige, Künstler und wohlhabende Unternehmer an.

Evangelische Marktkirche

Die Mehrzahl der repräsentativen Bauten der Innenstadt von Wiesbaden entstanden in einer Zeitspanne von nur etwa 60 Jahren, zwischen 1850 und dem Beginn des Ersten Weltkrieges 1914. Mit Ende des Ersten Weltkriegs endete Wiesbadens Zeit als mondäne Kurstadt. Während des Zweiten Weltkrieges wurde die Wiesbadener Innenstadt weit weniger zerstört als viele andere Städte, so dass viele der Bauten erhalten blieben.

Mittelpunkt der historischen Altstadt ist der **Schlossplatz**. Das von 1608 bis 1610 erbaute **Alte Rathaus** ist das älteste erhaltene Gebäude der Innenstadt. Das Neue Rathaus wurde von 1884 bis 1887 errichtet.

Das ehemalige **Stadtschloss** der Nassauischen Herzöge stammt aus den Jahren 1837 bis 1842. Am Ende 19. Jahrhunderts nutzte Kaiser Wilhelm II. das Stadt-

Stadtschloss

schloss bei seinen zahlreichen Kuraufenthalten als Wohnsitz. Heute ist hier der Hessische Landtag untergebracht. Der zugehörige Plenarsaal im Innenhof wurde 1962 eröffnet und zwischen 2004 und 2008 durch einen Neubau ersetzt.

Die **evangelische Marktkirche** mit ihren fünf Türmen, von denen der 98 m hohe Hauptturm bis heute das höchste Gebäude der Stadt ist, wurde von 1853 bis 1862 nach dem Vorbild von Schinkels Friedrichswerderscher Kirche in Berlin als Backsteinbau errichtet.

In der eleganten **Wilhelmstraße** finden sich neben exquisiten Geschäften und Cafés das **Landesmuseum**, der auf junge zeitgenössische Kunst spezialisierte Nassauische Kunstverein, das von 1813 bis 1817 errichtete **Erbprinzenpalais**, in dem heute Industrie- und Handelskammer ihren Sitz hat, sowie die **Villa Clementine**, eine Villa im Stil des Historismus.

Kurpark

Orts-porträt

Am nördlichen Ende der Wilhelmstraße befindet sich das so genannte **Kureck**. Mittelpunkt ist das **„Bowling Green"**, eine rechteckige Grünfläche mit zwei Kaskadenbrunnen, die von einem hufeisenförmigen Gebäudeensemble umschlossen wird. Im von 1905 bis 1907 erbauten Kurhaus ist unter anderem die Spielbank untergebracht

Hinter dem Kurhaus erstreckt sich der etwa 6,5 Hektar große, nach Vorbild englischer Gärten angelegte **Kurpark**. Im Norden des Bowling Greens stehen die **Kurhauskolonnaden**, mit 129 m Länge die längste Säulenhalle Europas. Ihr gegenüber stehen die Theaterkolonnaden mit dem 1894 eröffneten Hessischen Staatstheater.

Auf der anderen Seite der Wilhelmstraße steht das Nobelhotel Nassauer Hof. An der Ringstraße und an weiteren vorwiegend als Alleen angelegten Straßenzügen stehen prächtige Bürgerhäuser im Stil des Historismus.

Lahnstein, Stolzenfels

Tour 5

Länge 75 km

ZUM NOBELBAD, DAS GESCHICHTE MACHTE

Streckentour von Koblenz über Bad Ems nach Limburg an der Lahn

Eine landschaftlich reizvolle Tour vom Rheinufer über die Lahnmündung flussaufwärts vorbei an Burgen, ehemaligen Silberbergwerken, dem noblen und geschichtsträchtigen Kurort Bad Ems über Nassau, dem Geburtsort der niederländischen und Luxemburger Dynastien nach Limburg an der Lahn.

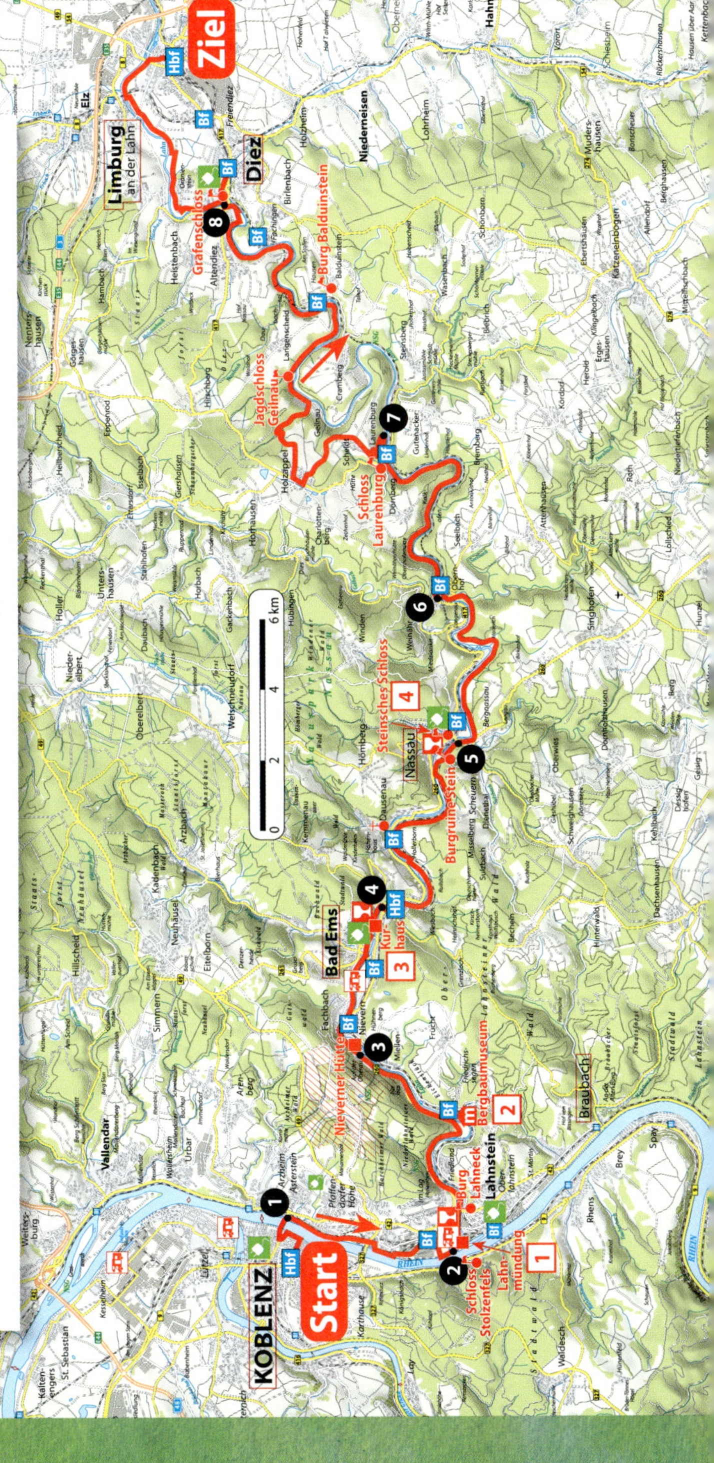

Was erwartet mich?

75 km, 557 Höhenmeter, eine Tour überwiegend auf asphaltierten Wirtschaftswegen und kleinen Straßen mit zwei Anstiegen bei Laurenburg und Balduinstein – beschildert als Rheinradweg, „Radweg Deutsche Einheit" und Lahnradweg.

Wie komm ich hin?

ÖPNV:
Start: Hauptbahnhof Koblenz
Ziel: Bahnhof Limburg
Mit dem Auto: A 61, Ausfahrt 37 (Kreuz Koblenz), A 48 Ausfahrt 10 (Koblenz-Nord), weiter auf der B 9 nach Koblenz, dort Bahnhofplatz.

Was muss ich sehen?

1. **Lahnmündung** mit Blick auf **Schloss Stolzenfels**
2. **Bergbaumuseum Friedrichssegen**
3. **Historisches Kurhaus** in Bad Ems
4. **Steinsches Schloss** in Nassau

Wo tank ich auf?

Biergarten Lahnstein, Johannesstraße 19, Lahnstein
Hottes Stadl, Römerstraße 28, Bad Ems
Steinpark Restaurant & Biergarten, Brühlweg 4, Nassau

Kartentipp: **ADFC Regionalkarte Koblenz/Bonn/Mainz/Mittelrheintal**

TOURSTART

Der Hauptbahnhof in Koblenz verfügt über Aufzüge.

Wenn Sie die Tour um 7 km abkürzen möchten, können Sie auch am Bahnhof Niederlahnstein starten – auch dieser Bahnhof verfügt über Aufzüge.

*Sie starten am Hauptbahnhof in Koblenz, radeln geradeaus auf dem Markenbildchenweg und weiter auf der Januarius-Zick-Straße an den Rhein. Dort lenken Sie nach links, radeln rheinabwärts und folgen dem Rheinradweg in einem Bogen über die Rheinbrücke. Auf dem anderen Rheinufer radeln Sie nach rechts (**Wegepunkt** ❶), direkt zum Ufer und rheinaufwärts zur Lahnmündung in Lahnstein.*

Unmittelbar vor der Lahnmündung passieren Sie die katholische Johanniskirche, deren ältesten Teile zwischen 1130 und 1136 errichtet wurden. Das wehrhafte Kirchengebäude bot der Bevölkerung in Kriegszeiten Schutz. Nach Schäden im Dreißigjährigen Krieg wurde die Kirche im Barockstil umgestaltet. Bei der Eroberung durch französische Revolutionstruppen 1794 stark beschädigt, verwahrloste sie fast 60 Jahre als Ruine. 1844 drängte der preußische König Friedrich Wilhelm IV., auf eine Wiederherstellung der Kirche, die von 1856 bis 1866 erfolgte.

*Sie treffen nun auf den Lahnradweg (**Wegepunkt** ❷) und folgen der Beschilderung weiter entlang der Lahn durch Niederlahnstein.*

Von der [1] **Lahnmündung** sehen Sie im Süden das linksrheinische **Schloss Stolzenfels**. Eine 1689 zerstörte kurtrierische Zollburg aus dem 13. Jahrhundert ließ Anfang des 19. Jahrhunderts der preußische Kronprinz Friedrich Wilhelm von Preußen, der spätere König Friedrich Wilhelm IV., unter Mitwirkung des Berliner Architekten Karl Friedrich Schinkel zum neugotischen Schloss ausbauen. Es gilt als ein herausragendes Werk der Rheinromantik.

In Lahnstein sehen Sie **Burg Lahneck** über dem anderen Ufer der Lahn. Die Burg wurde in der ersten Hälfte des 13. Jahrhunderts auf einem steil hervorspringenden 164 m hohen Felssporn errichtet. Der Mainzer Erzbischof und Kurfürst Siegfried III. von Eppstein wollte damit sein Gebiet, den Ort Lahnstein und das Silberbergwerk Tiefenthal schützen. 1688 wurde die Burg im Pfälzischen Erbfolgekrieg zerstört. 1852

Burg Lahneck

ließ der schottische Eisenbahnunternehmer Edward A. Moriarty die Burg im neugotischen Stil ausbauen,

Der Fachwerkbau des **historischen Wirtshauses** an der Lahn von 1697 in der Lahnstraße 8 gründet auf einem Zollturm aus dem Jahr 1348. Der Turm schützte den Hafen und auch die Grenze zwischen Kurtrier und Kurmainz, die entlang der Lahn verlief. Das Wirtshaus an der Lahn ist angeblich Schauplatz der Wirtinnenverse.

Im gegenüberliegenden Ufer Oberlahnstein ist das **Alte Rathaus** ein gut erhaltener Fachwerkbau aus dem 15. Jahrhundert. Der ehemalige Hexenturm aus dem Jahre 1324 birgt das Museum der Stadt Lahnstein.

Sie radeln weiter am Ufer der Lahn flussaufwärts Richtung Bad Ems.

Der Bahnhof Friedrichssegen auf dem gegenüberliegenden Lahnufer wurde 1883/1884 auf Kosten der Grubengesellschaft der Grube Friedrichssegen errichtet.

Die **Grube Friedrichssegen** war eine Silber-, Blei- und Zinkerzgrube, die vermutlich schon zu römischer Zeit bestand. 1220 verschenkte König Friedrich II. die

Silbergrube „Berg Tiefenthal" an den Mainzer Erzbischof Sigfried. 1854 wurde die Anonyme Actiengesellschaft des Silber- und Bleibergwerkes Friedrichssegen gegründet. 1880 förderten 856 Mitarbeiter eine Erzmenge von 3974 Tonnen. Ende 1912 wurde der Betrieb stillgelegt.

Das seit 2000 bestehende 2 **Bergbau Museum Grube Friedrichssegen** führt Sie mit vielen Bildern, Exponaten und Geschichten durch die Vergangenheit.

*Kurz vor Bad Ems passieren Sie die Schleuse Nievern (**Wegepunkt** ❸).*

Nieverner Hütte

Auf der gegenüberliegenden Insel Oberau befindet sich das Industriedenkmal **Nieverner Hütte.** Sie wurde 1671 gegründet, um ursprünglich Eisenerz zu Roheisen zu verhütten. Nach 1882 wurde die Hütte in eine Eisengießerei umgewandelt. Emaillierte Topfwaren wurden mit einem hier entwickelten Verfahren zum bleifreien Emaillieren produziert. 1932 wurde die Hütte geschlossen.

Nach weiteren 3 km auf dem Lahnradweg erreichen Sie Bad Ems.

Seit 2021 steht die Stadt **Bad Ems** als eine der bedeutendsten Kurstädte Europas auf der UNESCO-Liste des Weltkulturerbes.

Das 3 **Kurhaus**, wurde 1715 als Nassauer Badehaus errichtet und im 19. und 20. Jahrhundert restauriert und erweitert. Zwischen 1835 und 1849 wurde der Kursaal errichtet und beide Gebäude durch eine Kolonnade miteinander verbunden. Heute wird das historische Kurhaus als Hotel und Konferenzzentrum genutzt.

Zu den bekanntesten Kurgästen zählten der Dichter Johann Wolfgang von Goethe, der Komponist Carl Maria von Weber, Zar Alexander II., König Ludwig I. von Bayern, die Schriftstellerin Bettina von Arnim, die russischen Schriftsteller Nikolai Wassiljewitsch Gogol, Iwan Turgenjew und Fjodor Michailowitsch Dostojewski, der französische Maler Eugène Delacroix und der

Kurhaus in Bad Ems

französische Schriftsteller Victor Hugo, König Wilhelm I., die Komponisten Clara Schumann, Jacques Offenbach und Richard Wagner, König Leopold II. von Belgien sowie König Oskar II. von Schweden und Norwegen.

Die Stadt ging in die Geschichte ein mit der „**Emser Depesche**", einem internen Telegramm an den Kanzler des Norddeutschen Bundes, Otto von Bismarck über ein Gespräch des preußischen Königs Wilhelm und dem französischen Botschafter auf der Kurpromenade. Aus dieser Depesche entwickelte sich ein diplomatischer Konflikt, der am 19. Juli 1870 zur Kriegserklärung Frankreichs an Preußen führte.

*Am Ortsende von Bad Ems überqueren Sie auf dem Lahnradweg den Fluss (**Wegepunkt** ❹) und radeln weiter flussaufwärts.*

Gegenüber von Dausenau genießen Sie einen schönen Blick auf diesen Ort mit der **St. Kastor-Kirche**, deren romanischer Turm um 1179 errichtet wurde. Die frühgotische dreischiffige Hallenkirche stammt aus dem 14. Jahrhundert und birgt Wandmalereien. Das spätgotische „Alte Rathaus" stammt aus dem Jahre 1434.

*Sie radeln weiter auf dem linken Lahnufer flussaufwärts und erreichen nach 4,3 km die Brücke nach Nassau (**Wegepunkt** ❺).*

Rechter Hand sehen Sie die Ruine der **Burg Nassau**. Sie ist der Stammsitz der Grafen von Nassau

Alter Markt und Grafenschloss in Diez

und damit die Stammburg des großherzoglichen Hauses von Luxemburg und des niederländischen Königshauses Oranien-Nassau. Eine erste Erwähnung findet die Burg Nassau 1093. In der ersten Hälfte des 14. Jahrhunderts wurde der ab 1976 wiederaufgebaute 33 Meter hohe fünfeckige Bergfried errichtet. Bis zum Ende des Mittelalters war die Burg Nassau bewohnt, danach aufgegeben und dem Verfall preisgegeben.

Unterhalb der Burg Nassau befindet sich die **Burgruine Stein**, der Stammsitz der Herren vom und zum Stein, der im Dreißigjährigen Krieg 1639 zerstört wurde. Die Familie vom und zum Stein zog von der Burg Stein in den ehemaligen Zehnthof in der Nassauer Innenstadt, den sie zum 4 **Steinschen Schloss** ausbaute. Hier wurde im Jahr 1757 der preußische Reformer und Minister Karl Freiherr vom und zum Stein geboren.

*Unsere Tour führt weiter auf dem linken Lahnufer mit einem deutlichen Anstieg vor Obernhof. Dort überqueren Sie erneut den Fluss (**Wegepunkt ❻**). Nach einer größeren Schleife nach links geht es auf dem rechten Ufer weiter flussaufwärts nach Laurenburg.*

Das kleine **Schloss Laurenburg** beherbergte einst die Bergwerksdirektion der Grube Holzappel, ein Blei-Zink-Bergwerk, das mit 1.077 Metern Teufe zu den tiefsten Erzbergwerken in Deutschland zählte.

*Am Ende von Laurenburg verlassen wir für 8 km das Flussufer, biegen links in die Scheidter Straße (**Wegepunkt ❼**) und folgen den Schildern des Lahnradweges bergauf über Holzappel nach Geilnau.*

Das **Jagdschloss** wurde 1797 neben einer Mineralquelle errichtet.

Knapp 4 km weiter sehen Sie hoch über dem gegenüberliegenden Ufer der Lahn die **Burg Balduinstein**. Erzherzog Stephan von Österreich baute die Schlossanlage 1850 im Stile englischer Neogotik nach dem Ideal der Rheinromantik aus.

Reisemobilstellplätze an oder nahe der Route

Knaus-Reisemobilhafen Koblenz, Schartwiesenweg 6, Koblenz
Reisemobil-Stellplatz Koblenz, Hans-Böckler-Straße 1A, Koblenz
Wohnmobilhafen am Kränchen, Johannesstraße 53, Lahnstein
Wohnmobilstellplatz an Kutscher's Marina, Nieverner Straße 20, Bad Ems
Wohnmobilstellplatz Nassau, Leifheitstraße, Furth 1, Nassau

Limburg an der Lahn

*Vorbei an Fachingen, das durch die Heilwasserquelle „Staatl. Fachingen" seit 1742 bekannt ist, radeln Sie weiter nach Diez. Dort wechseln Sie erneut das Ufer (**Wegepunkt** ❽).*

Das Stadtbild von Diez wird vom **Grafenschloss Diez** geprägt, dessen älteste Teile aus dem 11. Jahrhundert stammen. Von 1743 bis 1784 wurde das Schloss als Amtshaus genutzt, danach diente es bis 1927 als Zuchthaus.

Unterhalb des Grafenschlosses liegt die mittelalterliche **Stiftskirche** aus dem Jahr 1289. Im Inneren ist das Grabmal der Fürstin Amalie von Diez-Nassau sehenswert.

Am nördlichen Stadtrand passieren Sie das **Barockschloss Oranienstein**, das 1684 Fürstin Albertine Agnes auf den Ruinen eines Benediktinerinnenklosters errichten ließ. 1696 wurde es zu einem Barockschloss umgestaltet.

Mit dem Lahntalradweg erreichen Sie Limburg. Hinter der Brücke unter der B8 hindurch verlassen Sie den Lahntalradweg (und das Ufer), radeln nach rechts über den Kreisel, auf der Grabenstraße in die Stadt und an der Sankt-Anna-Kirche halbrechts in die Hospitalstraße, die zum Bahnhof führt – unserem Tourziel.

Informationen zu **Limburg** finden Sie in der Tour 6 (S. 62).

E-Bike Ladestationen an oder nahe der Route

E-Bike Ladestation vor dem Rathaus, Willi-Hörter-Platz, Koblenz

Fahrradstellplatz Sporthalle Asterstein, Lehrhohl 50, Koblenz

E-Bike Ladestation Salhofplatz, Lahnstein

E-Bike Ladestation in der Tourist-Information, Bahnhofplatz, Bad Ems

E-Bike Ladestation in der Tourist-Information, Obertal 8, Nassau

E-Bike Ladestation in der Tourist-Information, Wilhelmstraße 63, Diez

Weinträgerdenkmal in Limburg an der Lahn

Tour 6 Länge 40 km

VOM DOM ZUR RESIDENZ

Streckentour von Limburg an der Lahn nach Weilburg

Eine leichte und landschaftlich reizvolle Tour durch etwas welliges Gelände entlang der Lahn zu historisch bedeutenden Bauwerken.

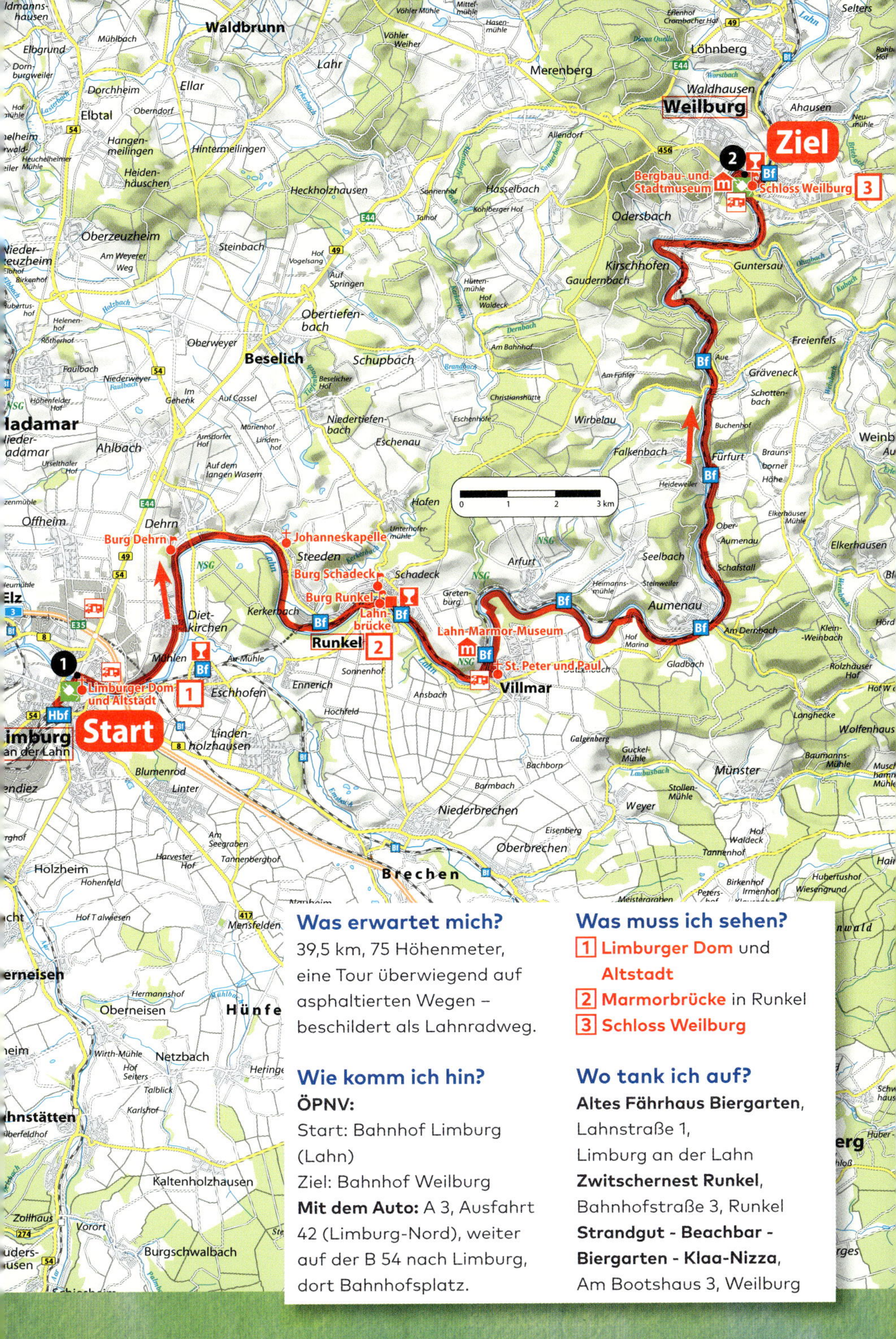

Was erwartet mich?

39,5 km, 75 Höhenmeter, eine Tour überwiegend auf asphaltierten Wegen – beschildert als Lahnradweg.

Wie komm ich hin?

ÖPNV:
Start: Bahnhof Limburg (Lahn)
Ziel: Bahnhof Weilburg
Mit dem Auto: A 3, Ausfahrt 42 (Limburg-Nord), weiter auf der B 54 nach Limburg, dort Bahnhofsplatz.

Was muss ich sehen?

1 **Limburger Dom** und **Altstadt**
2 **Marmorbrücke** in Runkel
3 **Schloss Weilburg**

Wo tank ich auf?

Altes Fährhaus Biergarten, Lahnstraße 1, Limburg an der Lahn
Zwitschernest Runkel, Bahnhofstraße 3, Runkel
Strandgut - Beachbar - Biergarten - Klaa-Nizza, Am Bootshaus 3, Weilburg

Kartentipp: **ADFC Regionalkarte Lahntal**

TOURSTART

Der Bahnhof von Limburg an der Lahn verfügt über Rampen und einen Aufzug, so dass Sie alle Gleise problemlos erreichen können, ohne Ihr Rad über Treppen zu tragen.

Sie starten vom Bahnhof Limburg, lenken nach links und radeln 300 m neben der B 8. Anschließend biegen Sie rechts in die Diezer Straße. Nach weiteren 300 m fahren Sie links in die Grabenstraße, biegen am Kreisel rechts ab und überqueren den Fluss über die Alte Lahnbrücke.

Zuvor lohnt sich eine Besichtigung Limburgs. Der 1 **Limburger Dom** geht in seinen Ursprüngen auf das 10. Jahrhundert zurück. Im 11. Jahrhundert wurde eine frühromanische **Pfeilerbasilika** errichtet. Vor 1190 wurde der Dom umgebaut und 1230 so fertiggestellt, wie man ihn heute kennt. Der Dom ist eine dreischiffige Basilika, die romanische und frühgotische Elemente verbindet und hat sieben Türme, mehr als jede andere Kirche in Deutschland.

Im Zweiten Weltkrieg blieb in Limburg das gesamte Ensemble der mittelalterlichen Bebauung nahezu unversehrt erhalten. Deshalb steht heute der ehemals ummauerte 1 **Stadtkern** als Gesamtanlage unter Denkmalschutz. In der Altstadt stehen zahlreiche Fachwerkhäuser, erbaut vom 13. bis zum 19. Jahrhundert. Zu den bekanntesten Häusern Limburgs gehört das Haus **Kleine Rütsche 4** an der schmalsten Stelle des historischen Handelsweges zwischen Frankfurt und Köln, deren Breite am Heumarkt in Köln angeschrieben ist. Besonders sehenswert ist das Haus der sieben Laster (Brückengasse 9). Das 1567 errichtete Fachwerkhaus zeigt Schnitzereien, die die biblischen sieben Hauptlaster darstellen.

Die **Alte Lahnbrücke**, über die Sie auf das rechte Lahnufer radeln, wurde 1160 als hölzerne Brücke als Teil der Fernstraße von Köln nach Frankfurt am Main errichtet und im 14. Jahrhundert durch eine Steinbrücke ersetzt. Noch bis zum Ersten Weltkrieg musste für das Passieren Zoll entrichtet werden. Dieser Zoll war in der gesamten Stadtgeschichte eine der wichtigsten Einnahmequellen der Stadt. Der äußere Brückenturm ist der einzige in Deutschland erhaltene Brückenturm aus dem 14. Jahrhundert.

Fachwerkhäuser in Limburg an der Lahn

Bild rechts: Limburger Dom

Auf der anderen Seite der Lahn treffen Sie auf den Lahnradweg, folgen ihm rechts in den Schleusenweg

Tour
6

Burg Dehrn

*(**Wegepunkt ❶**) und genießen einen schönen Blick auf den Dom. Die Schilder führen Sie über Dietkirchen nach Dehrn.*

Sehenswert sind die **Burg Dehrn** und das dazugehörige, aber ältere ehemalige **Hofmannenhaus**, die „Pfalz". Während der Hauptbau auf das 12. Jahrhundert zurückgeht, wurde der größte Teil des Gebäudes um 1480 errichtet. Die Sankt-Nikolaus-Kapelle wurde im 13. Jahrhundert erbaut und vor 1652 grundlegend erneuert.

Sie passieren auch das **Naturschutzgebiet „Dehrner Auwald und Dehrner Teiche"**. Hier gibt es naturnahe Laubwälder, Teiche und Wiesen im Bereich einer stillgelegten Tongrube sowie einen Erlen-Eschen-Auwald. Hier findet eine enorme Vielfalt an schützenswerten Pflanzen- und Tierarten einen Lebensraum. Dazu gehören seltene Pflanzenarten wie Blasen-Segge, Sumpf-Blutauge, Gewöhnlicher Seidelbast und Hohe Schlüsselblume sowie seltene Tierarten wie Grünspecht, Kuckuck, Pirol, Grauschnäpper, Blauflügel-Prachtlibelle, Pokal-Azurjungfer, Goldglänzender- und Feingestreifter Laufkäfer, Perlgrasfalter, Rotbraunes Ochsenauge.

Sie radeln weiter auf dem Lahnradweg, streifen Steeden, und gelangen nach Runkel. Hier überqueren Sie zweimal die Lahn.

Die **Johanneskapelle** in Steeden wurde wahrscheinlich schon im 11. Jahrhundert im romanischen Stil erbaut.

Die **Burg Runkel** wurde im 12. Jahrhundert von den Herren von Runkel zur Sicherung der Lahnbrücke erbaut. Im 14. Jahrhundert erweitert, wurde sie 1634 im Dreißigjährigen Krieg zerstört. Danach wurde die Haupt- oder Kernburg nicht wieder aufgebaut. Gebäude der Unterburg sowie einige Wirtschaftsgebäude wurden

Lahnbrücke in Runkel

später wiederhergerichtet. Die Oberburg ist begehbar. Auf der höchsten Stelle des Felsens gegenüber der zwischen 1440 und 1448 erbauten Lahnbrücke steht der Bergfried, der den Burghof der Unterburg um etwa 31 Meter überragt. An beiden Enden des rund 40 Meter langen Gebäudetraktes steht jeweils ein mächtiger Wehrturm. Die Unterburg besteht aus zwei- bis dreistöckigen Gebäuden, die sich südlich an die Oberburg anschließen und einen geschlossenen Innenhof bilden.

Sehenswert in Runkel sind die steinerne 2 **Lahnbrücke** aus dem 15. Jahrhundert sowie einige Fachwerkhäuser aus dem 17. und 18. Jahrhundert.

Die Burg Runkel gegenüberliegende **Burg Schadeck** steht auf einem etwa 50 Meter steil über dem Fluss aufragenden Felsen. Sie wurde zwischen 1276 und 1288 als Trutzburg gegen die Burg Runkel erbaut. Aufgrund dieser Funktion erhielten sie ihren Namen: „eine Ecke zum Schaden der Burg Runkel“. Die streitenden Burgherren waren Vettern. Im Dreißigjährigen Krieg und erneut 1803 wurden Teile der Burganlage geschleift. Erhalten geblieben ist ein gut erhaltener, dreieinhalbgeschossiger, rechteckiger Bau, der an der westlichen Seite einen Treppenturm besitzt.

Pfarrgarten in Villmar

Sie radeln weiter auf dem Lahnradweg nach Villmar. Vor dem Ort überqueren Sie die Lahn und fahren in einer Rechtsschleife wieder zum Flussufer.

Reisemobilstellplätze an oder nahe der Route

Wohnmobilstellplatz am Lahncamping, Schleusenweg 16, Limburg an der Lahn

Wohnmobilstellplatz der Firma Singhof, Hoenbergstraße 2, Limburg/Lahn

Wohnmobilstellplatz König-Konrad-Halle, König-Konrad-Straße 36, Villmar

Wohnmobilstellplatz an der Lahn, Im Bangert 5, Weilburg

Die wirtschaftliche Bedeutung Villmars lag im frühen 17. Jahrhundert bis in die zweite Hälfte des 20. Jahrhunderts in der Verarbeitung des Lahnmarmors. Seit 1790 sind zwölf Steinbrüche in Villmar und weitere in der Umgebung nachweisbar.

Die **Pfarrkirche St. Peter und Paul** wurde 1746 bis 1749 an Stelle einer spätromanischen Kirche errichtet. Im Inneren sind eine reiche spätbarocke Ausstattung sowie Arbeiten aus heimischen Lahnmarmor sehenswert.

Auch die 1894/95 erbaute **Brücke** über die Lahn besteht aus Lahnmarmor-Quadern. Die Bezeichnung „Marmor" für den zum Bau verwendeten Lahnmarmor ist gesteinskundlich nicht korrekt. In der Steinverarbeitung werden jedoch polierfähige Kalksteine als „Marmore" bezeichnet; die Bezeichnung „Lahnmarmor" ist daher in seiner industriegeschichtlichen Bedeutung zu verstehen.

Das **Lahn-Marmor-Museum** zeigt die Entstehung des Lahnmarmors, die Geschichte und Technologie der Gewinnung des Gesteins sowie die Verwendung des Lahnmarmors in Gebäuden und Kunstobjekten weltweit.

Schloss Weilburg

Unsere Tour führt weiter immer in der Nähe des Flussufers vorbei an Aumenau, durch Fürfurt, Gräveneck und Kirschhofen nach Weilburg.

Die Stadt war jahrhundertelang Residenz eines dem Haus Nassau entstammenden Adelsgeschlechts. Die Regenten von Nassau-Weilburg errichteten dort das 3 **Schloss** mit angegliederter Parkanlage. Auf einer Länge von 400 Metern erhebt es sich auf der Ostflanke eines Bergspornes über der Lahn. 1545 bis 1590 erbaut, wurde es von 1701 bis 1721 barock ausgebaut. Es kann im Rahmen von Führungen besichtigt werden.

Im ehemaligen Kanzleigebäude des Schlosses ist das **Bergbau- und Stadtmuseum** untergebracht. Auf mehr als 1.200 Quadratmetern Ausstellungsfläche werden Exponate aus der Stadtgeschichte und des Bergbaus in Weilburg und Umgebung gezeigt. Im Schlossberg wurde eine 200 Meter lange Schaustollenanlage eingerichtet, in der originale Bergbaumaschinen aufgestellt sind. Das Museum birgt auch eine der wenigen kompletten Sammlungen der Merian-Stiche aus dem 17. Jahrhundert.

*Am Ende unserer Tour überqueren Sie die Lahn (**Wegepunkt ❷**) und radeln nach rechts zum Bahnhof Weilburg – unserem Ziel. Der Bahnhof verfügt über stufenfreie Zugänge.*

E-Bike Ladestationen an oder nahe der Route

E-Bike Ladestation Brückengasse, Limburg an der Lahn

E-Bike Ladestation am Denkmal in der Mauerstraße, Weilburg

E-Bike Ladestation am Marktplatz, Weilburg

Schloss Weilburg

Tour 7 Länge 49 km

ZU FÜRSTEN UND FOTOGRAFEN

Streckentour von Weilburg nach Gießen

Eine leichte und landschaftlich reizvolle Tour entlang der Lahn zu Residenzen und Zeugnissen der Industriegeschichte.

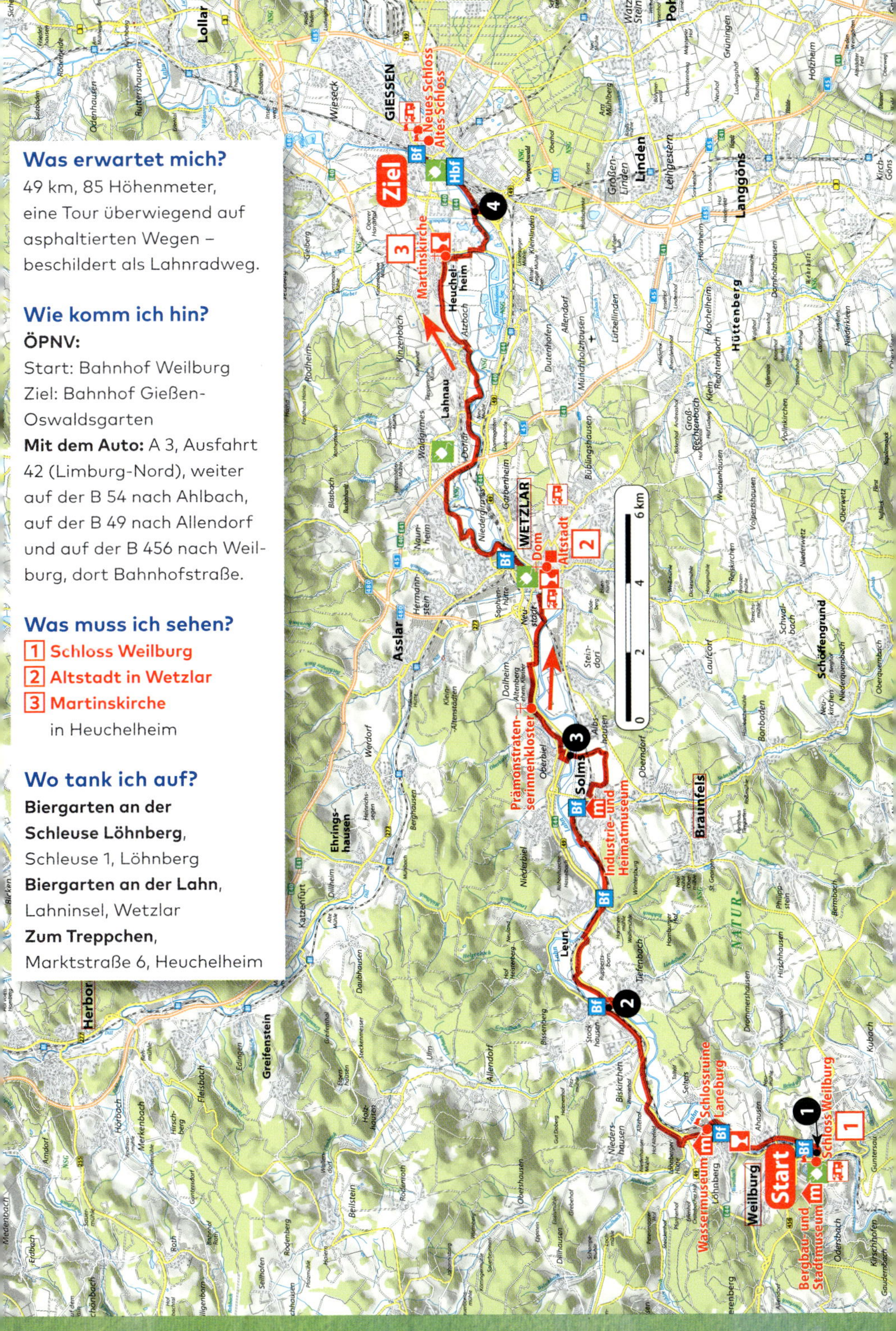

Was erwartet mich?

49 km, 85 Höhenmeter, eine Tour überwiegend auf asphaltierten Wegen – beschildert als Lahnradweg.

Wie komm ich hin?

ÖPNV:
Start: Bahnhof Weilburg
Ziel: Bahnhof Gießen-Oswaldsgarten
Mit dem Auto: A 3, Ausfahrt 42 (Limburg-Nord), weiter auf der B 54 nach Ahlbach, auf der B 49 nach Allendorf und auf der B 456 nach Weilburg, dort Bahnhofstraße.

Was muss ich sehen?

1 Schloss Weilburg
2 Altstadt in Wetzlar
3 Martinskirche in Heuchelheim

Wo tank ich auf?

Biergarten an der Schleuse Löhnberg, Schleuse 1, Löhnberg
Biergarten an der Lahn, Lahninsel, Wetzlar
Zum Treppchen, Marktstraße 6, Heuchelheim

Kartentipp: **ADFC Regionalkarte Lahntal**

TOURSTART

Der Bahnhof in Weilburg verfügt über stufenfreie Zugänge.

Sie starten aus dem Bahnhof kommend nach links, biegen hinter dem Busbahnhof links ab und überqueren auf dem schmalen „Eisernen Steg" die Lahn. Auf der anderen Seite fahren Sie in einem Rechtsbogen zum Ufer und radeln flussaufwärts.

Falls Sie noch einen lohnenden Abstecher nach Weilburg machen möchten, sollten Sie zuerst auf dem Lahnradweg in Gegenrichtung in die Stadt radeln und anschließend zum „Eisernen Steg" zurückkehren.

Schlosspark Weilburg

Weilburg war jahrhundertelang Residenz eines dem Haus Nassau entstammenden Adelsgeschlechts. Die Regenten von Nassau-Weilburg errichteten dort das 1 **Schloss** mit angegliederter Parkanlage. Auf einer Länge von 400 Metern erhebt es sich auf der Ostflanke eines Bergspornes über der Lahn. 1545 bis 1590 erbaut, wurde es von 1701 bis 1721 barock ausgebaut. Es kann im Rahmen von Führungen besichtigt werden.

Im ehemaligen Kanzleigebäude des Schlosses ist das **Bergbau- und Stadtmuseum** untergebracht. Auf mehr als 1.200 Quadratmetern Ausstellungsfläche werden Exponate aus der Stadtgeschichte und des Bergbaus in Weilburg und Umgebung gezeigt. Im Schlossberg wurde eine 200 Meter lange Schaustollenanlage eingerichtet, in der originale Bergbaumaschinen aufgestellt sind. Das Museum birgt auch eine der wenigen kompletten Sammlungen der Merian-Stiche aus dem 17. Jahrhundert.

*Nachdem Sie auf dem „Eisernen Steg" die Lahn überquert haben, radeln Sie am Ufer flussaufwärts, treffen in Ahausen auf den Lahnradweg (**Wegepunkt ❶**) und fahren weiter nach Löhnberg, wo Sie erneut die Lahn überqueren.*

Altes Rathaus in Weilburg

Die **Schlossruine Laneburg** thront auf dem Felssporn des Schletsberges über der Lahn. 1321 bis 1324 wurde die Burg errichtet und nach 1536 zu einem Renaissanceschloss umgebaut. 1900 brannte das Schloss aus und wurde nicht wieder aufgebaut. Am Ende des Zweiten Weltkrieges zerstörte eine Fliegerbombe zudem den Treppenturm und das Gewölbe des Weinkellers.

Wetzlar, Lahn

Von der ehemaligen **Hof- und Schlosskapelle** der Laneburg aus dem 14. Jahrhundert blieb noch der Chor erhalten. 1738 wurden ein Kirchenschiff und ein achteckiger Chorturm mit einer Haube über dem Chor neu errichtet.

Das **Löhnberger Wassermuseum** zeigt verschiedene Aspekte zum Thema Wasser, darunter die Trinkwasserversorgung der Gemeinde Löhnberg und die weltweit bekannten Selters Mineralquellen sowie teilweise einmalige Fossilienfunde aus einem devonischen Meeresboden von vor 393 Mio. Jahren. Zusätzlich ist ein historischer Dorfladen von 1900 zu entdecken.

*Der Lahnradweg führt Sie hinter der Brücke in einer Linksschleife wieder zum Ufer (Seltersweg) und weiter Richtung Solms. In dem breiteren Tal verläuft der Radweg oft abseits des Flusses. Bei Stockhausen überqueren Sie erneut die Lahn (**Wegepunkt ❷**) und kehren erst gegenüber von Leun ans Flussufer zurück.*

Im Stadtteil Lahnbahnhof wirkt das großzügige **Empfangsgebäude** überdimensioniert. Es wurde 1863 errichtet und zählt mit seinen zwei Türmen zu den größten der Lahntalbahn. Die fürstliche Familie in Braunfels schmückte den Bahnhof aus und benannte ihn nach ihrem Stammsitz. Seit den 1990er Jahren heißt der Bahnhof „Leun/Braunfels".

Nach weiteren 4 km erreichen Sie Solms, streifen die Stadt aber nur.

Im Stadtteil Burgsolms stand die **Stammburg** des Grafen- und Fürstengeschlechts Solms. In der Bahnhofsallee zeigt das **Industrie- und Heimatmuseum Solms** das Leben der Solmser um 1900. Eine steinerne Kanonenkugel stammt vermutlich von der Belagerung und Zerstörung der Burg Solms im Jahre 1384. Der Teil Industriemuseum präsentiert landwirtschaftliche Geräte, die die Firma Hollmann hier seit den 1880er Jahren herstellte.

Kornmarkt in Wetzlar

*Hinter Solms überqueren Sie mit dem Lahnradweg erneut die Lahn (**Wegepunkt ❸**) und passieren 2 km weiter das oberhalb der Lahn gelegene Kloster Altenberg.*

Das um 1170 gegründete **Prämonstratenserinnenkloster Altenberg** war bedeutend, weil viele Mitglieder der adligen Familien aus dem Umland wie dem Haus Nassau und dem Haus Solms in das Kloster eintraten. Kaiser Friedrich I. Barbarossa verlieh dem Kloster vor 1192 die Reichsunmittelbarkeit. Die Kirche aus dem 13. Jahrhundert und die Konventsgebäude sind noch erhalten, ebenfalls zahlreiche Wirtschaftsgebäude aus dem 17. Jahrhundert. Die ehemalige Klosterkirche kann besichtigt werden.

Vor Wetzlar überqueren Sie die Dill und bleiben mit dem Lahnradweg auf dem rechten Lahnufer. Für einen Abstecher in die sehenswerte Altstadt sollten Sie die Lahn überqueren und anschließend auf den Lahnradweg zurückkehren.

Die [2] **Altstadt** steigt mit ihren Gassen und kleinen Plätzen terrassenförmig an. Stellenweise sind noch Reste der Stadtbefestigung aus dem 13. und 14. Jahrhundert zu sehen. Das Ensemble historischer Bauwerke umfasst Fachwerkhäuser und repräsentative Bauten aus der Zeit der Romanik, der Gotik, der

Wetzlarer Dom

Renaissance und dem Barock. Das Stadtbild präsentiert sich in etwa so, wie es sich gegen Ende des 18. Jahrhunderts darstellte. Zu den besonders sehenswerten Gebäuden zählen der Wandständerbau am Brodschirm aus dem Jahr 1356, die Alte Münz am Eisenmarkt, das ehemalige Theater- und Ballhaus „Zum römischen Kaiser“ aus dem 18. Jahrhundert und der ehemalige Deutschordenshof.

Der **Dom** wurde 1230 als Nachfolgebau einer 897 geweihten Kirche errichtet, aber nicht vollendet. Die Bezeichnung Dom stammt aus der Zeit des Reichskammergerichts (1689–1806), als der Kurerzbischof von Trier Stiftspropst und der Dom somit Bischofskirche war. Im Zweiten Weltkrieg wurde der Dom stark beschädigt. Dennoch bietet er wegen seiner über

Jahrhunderte dauernden Bauzeit einen Überblick über Baustile ab dem Mittelalter. Eine Besonderheit dieser Kirche besteht darin, dass sie zu gleichen Teilen von Katholiken und Protestanten gemeinsam genutzt wird.

Wetzlar war und ist Standort einiger weltweit bekannter Unternehmen. Der **Buderus-Konzern** wurde hier im Jahre 1731 gegründet und ist trotz Übernahmen und Schließungen und Verkauf von Betriebsteilen europaweit eines der ältesten noch existierenden großen Unternehmen.

Seit Mitte des 19. Jahrhunderts ist Wetzlar Sitz des Optischen Instituts, der Nachfolgefirma **Leitz** beziehungsweise deren Nachfolgefirmen **Leica Camera** und Leica Microsystems. Die von Ernst Leitz vor allem mit der Mikroskop-Produktion zur Weltgeltung gebrachten Leitz-Werke beschäftigten in ihren Spitzenzeiten über 7000 Mitarbeiter in der Stadt. 1913/14 entwickelte Oskar Barnack mit der Leica die erste Kleinbildkamera, die 1925 auf den Markt kam und bis heute Weltruhm genießt. Seit 2014 werden die Leica-Kameras im neuen Leitz Park gefertigt. In der Krämerstraße markiert ein polierter kupferner Gullydeckel den Standort, an dem Barnack sein erstes Foto mit der Leica vom Eisenmarkt aufnahm.

*Die Tour führt weiter von Wetzlar aus auf dem rechten Lahnufer über Heuchelheim an der Lahn mit einer letzten Überquerung des Flusses (**Wegepunkt** ❹) nach Gießen.*

Die evangelische [3] **Martinskirche** in Heuchelheim stammt aus dem 13. bis 15. Jahrhundert und birgt einen sehenswerten spätgotischen Marienaltar aus der zweiten Hälfte des 15. Jahrhunderts.

Am Lahnufer erreichen Sie den Bahnhof in Gießen – unser Tourziel. Der Bahnhof verfügt über Aufzüge.

Wenn Sie Gießen besichtigen möchten, so gibt es aufgrund der Luftangriffe im Zweiten Weltkrieg im Zentrum kaum noch historische Bauwerke. Sehenswert sind einige wiederaufgebaute Fachwerkhäuser, darunter das **Gasthaus Zum Löwen** im Neuenweg, in dem Goethe öfter dinierte, sowie das **Alte** und das **Neue Schloss** der Landgrafen von Hessen und auch das Hauptgebäude der Justus-Liebig-Universität.

Reisemobilstellplätze an oder nahe der Route

Wohnmobilstellplatz an der Lahn, Im Bangert 5, Weilburg
Wohnmobilstellplatz Lahninsel, Lahninsel 5, Wetzlar
Wohnmobilstellplatz auf der Bachweide, Bachweide 10, Wetzlar
Wohnmobilstellplatz Falkenstraße, Falkenstraße 30, Wetzlar
Wohnmobilstellplatz am Leitz-Park, Am Leitz-Park, Wetzlar
Wohnmobilstellplatz am Badezentrum, Ringallee 10, Gießen

E-Bike Ladestationen an oder nahe der Route

E-Bike Ladestation Marktplatz, Weilburg
E-Bike Ladestation Biergarten an der Lahn, Wetzlar
E-Bike Ladestation Tourist-Information, Domplatz 8, Wetzlar
E-Bike-Ladestation an der Lahnauhalle, Waldgirmes
E-Bike-Ladestation DB Bahn-Parkhaus P1, Am Güterbahnhof 21, Gießen

Gießen

ZU ALTEN SCHLÖSSERN BEI GIESSEN

Rundtour von Gießen über Buseck und Lich zurück nach Gießen

Eine Tour auf historischen Spuren durch die Hügellandschaft östlich von Gießen.

Was erwartet mich?

40 km, 191 Höhenmeter, eine Tour überwiegend auf asphaltierten und Schotterwegen – zum Teil beschildert als R7.

Wie komm ich hin?

ÖPNV: Bahnhof Gießen
Mit dem Auto: A 485, Ausfahrt 7 (Bergwerkswald), weiter auf der B 49 zur nächsten Ausfahrt und über die Frankfurter Straße und „Westanlage" in die Lahnstraße.

Was muss ich sehen?

1 **Altes und Neues Schloss** in Gießen
2 **Marienstiftskirche** in Lich
3 **Schloss Lich**

Wo tank ich auf?

Promenade Restaurant, Am Schloßpark 2, Buseck
Festplatz Burkhardsfelden, Reiskirchen
Bistro Biergarten Bühne Stadt Gießen, Gießener Str. 15, Lich

TOURSTART

Der Bahnhof in Gießen verfügt über Aufzüge.

*Sie starten auf der Rückseite des Bahnhofs nach rechts in die Lahnstraße, um an die Lahn und damit auf den Lahntalradweg zu kommen. Vor der Lahninsel lenken Sie hinter der Rodheimer Straße nach rechts (**Wegepunkt ❶**) und folgen der Beschilderung des Radwegs R7, der Sie im Weiteren über die Rodheimer Straße und die Marktstraße zum Marktplatz führt. Rechter Hand bietet die Schlossgasse einen Abstecher zum Alten und Neuen Schloss an.*

Gießen, Altes Schloss

Das 1 **Alte Schloss** wurde ursprünglich im 14. Jahrhundert errichtet. Um einen engen Burghof waren ein Palas im Nordwesten, ein Wohn- und ein Stallgebäude im Südwesten, ein Verbindungsbau zum Brandplatz im Nordosten und ein Turm mit Wehrmauer und Wassergraben zum Südosten hin angeordnet. 1891 wurden einige Gebäude wegen Baufälligkeit abgebrochen und 1893 übernahm die Stadt das Schloss. Nach einem Umbau 1903 im Stil der Neorenaissance wurde das Schloss zum Hauptsitz des Oberhessischen Museums. Bei den alliierten Luftangriffen brannte das Schloss vollständig aus.

Nachdem Pläne zum Abriss der Ruine verhindert werden konnten, erfolgte in den späten 1970er Jahren der Wiederaufbau. Heute beherbergt das Schloss die „Gail'schen Sammlungen" (Gemäldegalerie und Kunsthandwerk) des Oberhessischen Museums sowie eine Gaststätte. Das Schloss grenzt unmittelbar an den ältesten, sich bis heute an seinem ursprünglichen Standort befindenden **Botanischen Garten** Deutschlands.

Das 1 **Neue Schloss** (am Brandplatz) wurde von 1533 bis 1539 von Landgraf Philipp dem Großmütigen erbaut. Architektonisch repräsentiert der Bau in Naturstein-Fachwerk-Mischbauweise die Übergangsphase vom gotischen Palas-Saalbau zum Renaissance-Schloss.

Nach 1650 beherbergte das Gebäude die **Universitätskanzlei** und ein **Gericht**. Von 1899 bis 1907 wurde es aufwendig restauriert. Das Schloss blieb im Zweiten Weltkrieg wie durch ein Wunder unbeschädigt (das direkt daneben liegende Zeughaus und das Alte Schloss wurden zerstört). Von 1946 bis 1963 waren in den Räumen des Schlosses und in den Baracken auf dem Hof und in denen hinter dem Zeughaus das Polytechnikum Gießen, später die Staatliche Ingenieurschule Gießen, untergebracht. Seit 1965 ist es der Standort des Instituts für Geographie der Justus-Liebig-Universität Gießen.

Giessen, Neues Schloss

*Sie folgen weiter dem Radweg R7 nach rechts in die Braugasse, am Ende links und stoßen hinter der nächsten Kreuzung (**Wegepunkt** ❷) auf die Ringallee, in die Sie nach links einbiegen. Sie radeln weiter auf dem Radweg R7, streifen Wieseck, unterqueren die A 485 und passieren die Struppmühle.*

Die **Struppmühle** produziert heute mit ihrem Mühlrad und mit Solarzellen auf dem Dach Strom. Der aktuelle Stand ist auf einer Anzeigetafel angezeigt.

Rechter Hand sehen Sie den Segelflugplatz des Flugsportclubs Wiesbaden Maikäfer e.V.

Die Tour führt weiter auf dem Radweg R7 nach Buseck.

Das im neugotischen Stil errichtete **Schloss Großen-Buseck** steht auf einer Höhe von 200 Metern nördlich des Ortskerns in einem eigenen Park. Es hatte eine Wasserburg als Vorgänger, die ab dem 15. Jahrhundert hessisches Lehen war. 1580 wurde ein Schloss erbaut, das die Besitzer 1784 wegen wirtschaftlicher Schwierigkeiten ihren Gläubigern überlassen mussten.

Ende 1785 ersteigerte die Gemeinde Großen-Buseck das umliegende Gut nebst Schloss für 35.000 Gulden, kam jedoch nicht in den Besitz. Die Regierung von Hessen-Darmstadt versagte wegen des Lehensrechts den Verkauf und für das gleiche Geld ging die Konkursmasse ein weiteres Jahr später an die Witwe des Geheimen Rats Johann Jacob Freiherr von Zwierlein, Elisabetha

Reisemobilstellplätze an oder nahe der Route

Wohnmobilstellplatz am Badezentrum, Ringallee 10, Gießen

Wohnmobilstellplatz am Bürgerpark, Ringstraße 21, Lich

Wohnmobilstellplatz Muschenheim, Klosterweg 36, Lich

E-Bike Ladestationen an oder nahe der Route

E-Bike-Ladestation DB Bahn-Parkhaus P1, Am Güterbahnhof 21, Gießen

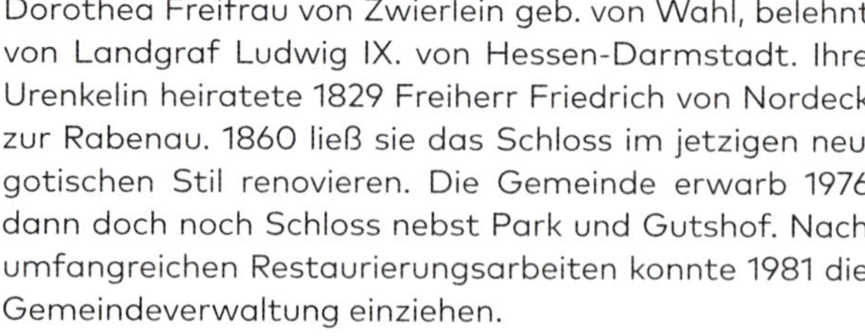

Dorothea Freifrau von Zwierlein geb. von Wahl, belehnt von Landgraf Ludwig IX. von Hessen-Darmstadt. Ihre Urenkelin heiratete 1829 Freiherr Friedrich von Nordeck zur Rabenau. 1860 ließ sie das Schloss im jetzigen neugotischen Stil renovieren. Die Gemeinde erwarb 1976 dann doch noch Schloss nebst Park und Gutshof. Nach umfangreichen Restaurierungsarbeiten konnte 1981 die Gemeindeverwaltung einziehen.

*Sie radeln weiter auf dem Radweg R7 in Richtung Reiskirchen. Sie unterqueren die A 5 und lenken unmittelbar danach rechts auf den Radweg der Hessischen Apfelwein- und Obstwiesenroute (HAOR, **Wegepunkt** ❸). Nach 1,2 km stoßen Sie an der T-Kreuzung auf die Straße nach Burkhardsfelden. In Burkhardsfelden halten Sie sich an der Straßengabelung links und lenken in die Wasserstraße und unmittelbar darauf rechts in die Straße „Licher Berg" (**Wegepunkt** ❹). Nach gut 1 km radeln Sie für 4 km durch ein Waldstück, überqueren anschließend die B 457 und radeln über die Gießener Straße nach Lich hinein.*

In Lich blieben zahlreiche historische Fachwerkhäuser erhalten, so das **Textorhaus**, ein reich verzierter Fachwerkbau aus dem Jahr 1632, in dem sich heute das Heimatmuseum befindet.

Die spätgotische 2 **Marienstiftskirche** wurde zwischen 1510 und 1537 errichtet und zeigt stilistisch den Übergang von der Gotik zur Renaissance. Vorbilder für den Neubau der Kirche waren die Heiliggeistkirche in Heidelberg, die Stadtkirche in Wittenberg und die im vorigen Jahrhundert abgebrochene Barfüßerkirche in Eisenach. Im Chorumgang, an der Südwand und der Westwand finden sich insgesamt 45 Grabdenkmäler, darunter viele der Falkensteiner und der ihnen folgenden Solmser. Besonders beeindruckend ist die Grabplatte von Kuno von Falkenstein und seiner Gemahlin Anna von Nassau. Der geschlossene Fürstenstuhl der Patronatsherren, der Fürsten zu Solms-Hohensolms-Lich, gegenüber der Kanzel stammt von 1714.

Von der Stadtbefestigung ist noch der 48 Meter hohe Stadtturm vom Anfang des 14. Jahrhunderts erhalten.

*Zum Schloss lenken Sie von der Gießener Straße nach links (**Wegepunkt** ❺) in die Braugasse und anderen Ende nach rechts.*

Schloss Lich

Das 3 **Schloss Lich** der früheren Fürsten zu Solms-Hohensolms-Lich im Stil der Spätrenaissance und des Barock steht in der Unterstadt. Der große Schlosspark ist zum Teil für die Öffentlichkeit zugänglich. Das Schloss selbst ist bis heute Familiensitz der Fürsten zu Solms-Hohensolms-Lich und ist nicht öffentlich zugänglich.

*Nach der Besichtigung radeln Sie zur Gießener Straße zurück, überqueren diese und fahren weiter über die Garbenteicher Straße nach Garbenteich. Weiter geht es über Hausen auf der Alten Gießener Straße und an Petersweiher vorbei bis an den Stadtrand von Gießen. Sie unterqueren die A 485 und biegen nach 500 m rechts in die Karl-Glöckner-Straße (**Wegepunkt ❻**) und nach 300 m nach links in den Weg, der entlang eines Baches führt.*

*Vor dem Hörsaalgebäude der Universität lenken Sie nach rechts und links über den Karl-Reuter-Weg im Zickzack links in den Altenfelsweg (**Wegepunkt ❼**). Nach 700 Metern biegen Sie rechts ab, unterqueren nach rechts die Bahnlinie und halten sich halblinks, um durch die Goethestraße und nach 300 m nach links in die Bruchstraße zu radeln. Sie lenken dann rechts in die Bleichstraße und links in die Ludwigstraße (**Wegepunkt ❽**). Sie unterqueren erneut eine Bahnlinie und biegen rechts in die Liebigstraße, die hinter den Gleisen zur Bahnhofstraße und zum Haupteingang des Bahnhofs führt.*

Rathaus in Idstein

Tour 9

Länge 47 km

VON DER ALTSTADTIDYLLE NACH MAINHATTAN

Streckentour von Idstein nach Frankfurt am Main

Eine landschaftlich reizvolle Tour durch die Hügellandschaft des Taunus an den Main.

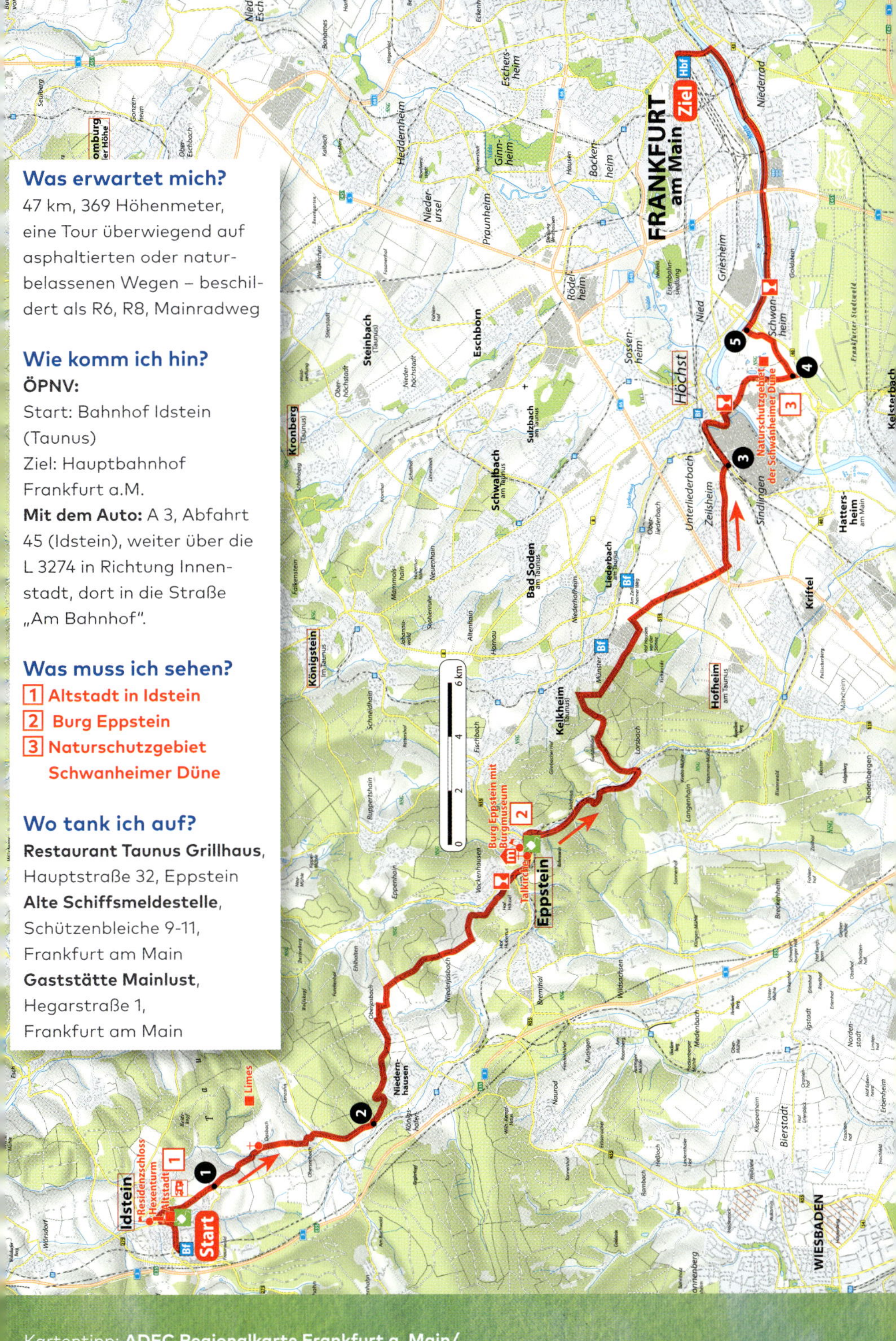

Was erwartet mich?

47 km, 369 Höhenmeter, eine Tour überwiegend auf asphaltierten oder naturbelassenen Wegen – beschildert als R6, R8, Mainradweg

Wie komm ich hin?

ÖPNV:
Start: Bahnhof Idstein (Taunus)
Ziel: Hauptbahnhof Frankfurt a.M.
Mit dem Auto: A 3, Abfahrt 45 (Idstein), weiter über die L 3274 in Richtung Innenstadt, dort in die Straße „Am Bahnhof".

Was muss ich sehen?

1 Altstadt in Idstein
2 Burg Eppstein
3 Naturschutzgebiet Schwanheimer Düne

Wo tank ich auf?

Restaurant Taunus Grillhaus, Hauptstraße 32, Eppstein
Alte Schiffsmeldestelle, Schützenbleiche 9-11, Frankfurt am Main
Gaststätte Mainlust, Hegarstraße 1, Frankfurt am Main

Kartentipp: **ADFC Regionalkarte Frankfurt a. Main/ Wiesbaden/Darmstadt**

TOURSTART

Der Bahnhof in Idstein verfügt über Aufzüge.

Sie starten aus dem Bahnhof kommend, nach links und am Kreisverkehr rechts in die Wiesbadener Straße. Hinter dem nächsten Kreisel halten Sie sich halbrechts und lenken in die Rodergasse, die zum Rathaus und damit in die historische Altstadt führt.

König-Adolf-Platz in Idstein

Große Teile der 1 **Altstadt** von Idstein stehen heute unter Denkmalschutz. Viele historische Gebäude blieben erhalten, weil Idstein im Zweiten Weltkrieg kaum bombardiert wurde.

Am **Torbogengebäude** der nassauischen Burg steht über dem König-Adolf-Platz das Rathaus aus dem Jahr 1698. Es trennt die Altstadt von der Burg. Den Platz säumen repräsentative Fachwerkhäuser, größtenteils aus der Zeit um 1600. Links neben dem Rathaus steht das 1727 errichtete Schiefe Haus. Den Ausgang des Platzes zur Unionskirche hin dominiert das 1615 erbaute, reich verzierte Killingerhaus, eines der kunsthistorisch bedeutsamsten Fachwerkhäuser in Deutschland. Heute sind darin das Stadtmuseum und die Tourist-Info untergebracht.

Schloss Idstein

Die **Burg** zwischen dem Torbogengebäude und dem Hexenturm bei der Brücke zum Schloss entstand zwischen 1497 und 1588. Der Hexenturm genannte, 42 Meter hohe Bergfried mit mehr als 3 Meter dicken Mauern geht auf die Zeit um 1170 zurück. Seine heutige Form erhielt er um 1500. Hexen oder Hexer wurden nicht in diesem Turm eingekerkert, sondern in einem kleineren, heute nicht mehr existenten Turm. Idstein war bekannt für Hexenprozesse um das Jahr 1676. So wurde zu Füßen des Bergfrieds eine Gedenktafel für die als Hexen ermordeten Menschen angebracht.

1614–1634 wurde das eindrucksvolle **Residenzschloss** unter Einbeziehung alter Bausubstanz erbaut. Das Schloss wird heute als Gymnasium genutzt und ist im Rahmen von Führungen zu besichtigen.

Sie lenken am Rathaus rechts in die Obergasse, die vom König-Adolf-Platz aus der Stadt herausführt. Auch hier prägen Fachwerkhäuser und Hofanlagen aus dem 16. und 17. Jahrhundert das Straßenbild.

Gleich rechts erhebt sich die **Unionskirche**. Der äußerlich schlicht gehaltene Bau entstand ursprünglich als Stiftskirche und wurde Mitte des 14. Jahrhunderts an Stelle eines Vorgängerbaus errichtet. Ungewöhnlich für eine evangelische Kirche (seit 1553 war Idstein luthe-

„Schiefes Haus" in Idstein

risch) wurde die Decke des Hauptschiffes im 17. Jahrhundert, als Graf Johann sie zur Predigt- und Hofkirche umbauen ließ, mit großformatigen Ölgemälden aus der Rubensschule verkleidet. Die 38 großflächigen Bilder zeigen Szenen aus dem Neuen Testament. 1917 wurde die Stadtkirche in Unionskirche umbenannt in Erinnerung an die in Idstein geschlossene Kirchenunion zwischen Reformierten und Lutheranern in Nassau zur Evangelischen Landeskirche im Jahre 1817.

*Sie befinden sich nun auf dem Radweg R8 und radeln weiter durch die Obergasse, die später zur Seelbacher Straße wird. Am zweiten Kreisverkehr, am Ortsende von Idstein, lenken Sie nach links in den Dasbacher Weg (**Wegepunkt ❶**).*

Das Stadtgebiet von Idstein wurde vom 86 n. Chr. begonnenen Limes durchzogen. Idstein lag auf der germanischen Seite. Der **Kirchturm** von Dasbach soll auf dem Fundament eines römischen Wachturms errichtet worden sein. Seit 2005 gehört der **Obergermanisch-Raetische Limes** zum UNESCO-Weltkulturerbe.

*Sie folgen in Dasbach weiter den Schildern des Radweg R 8 in Fahrtrichtung über Oberseelbach in Richtung Niedernhausen. Nach 1,3 km hinter dem Ortsende von Oberseelbach lenken Sie, dem Radweg R 8 folgend, halblinks in den Wald (**Wegepunkt ❷**) und erreichen über Oberjosbach und Vockenhausen Eppstein.*

In Eppstein passieren Sie den **Bahnhof**, der im Zuge des Baus der Main-Lahn-Bahn angelegt wurde. Das Empfangsgebäude wurde 1903 im Jugendstil errichtet.

Den Ort überragt die Ruine der **2 Burg Eppstein**. Auf dem Felssporn eines Bergrückens errichtet und durch einen Halsgraben vom Bergrücken getrennt, stellt sie eine typische Spornburg dar. Im erhaltenen Teil der Burg befindet sich ein Stadt- und Burgmuseum.

Bis zum Beginn des 14. Jahrhunderts hatte sich am Fuße der Burg eine Siedlung gebildet, die 1318 die Stadtrechte verliehen bekam. Aus ihr erwuchs die heutige Stadt Eppstein. Die **spätgotische Talkirche** wurde um 1430 auf den Fundamenten eines Vorgängerbaus errichtet. Der mächtige Westturm mit Haubenlaterne entstand 1602. Nach schweren Beschädigungen im Dreißigjährigen Krieg wurde beim Wiederaufbau die Kirche teilweise barockisiert.

Burg Eppstein

Sie radeln weiter auf dem Radweg R 8 nach Lorsbach.

Im Zentrum des Ortes stehen in der Straße „Alt Lorsbach" noch einige Fachwerkhäuser aus dem 18. Jahrhundert.

Auf dem Radweg R 8 streifen Sie im Zickzack Kelkheim, überqueren die A 66 und gelangen nach Zeilsheim, einem Ortsteil von Frankfurt am Main.

Nördlich der Straße „Pfaffenwiese", durch die sie radeln, befand sich von 1945 bis 1948 ein Lager für „Displaced Persons", vor allem Zwangsarbeiter und Zwangsverschleppte der Naziherrschaft aus Ost-, aber auch aus Westeuropa. Im Oktober 1946 waren hier etwa 3.570 Juden, fast alle Überlebende aus deutschen Konzentrationslagern in Polen, untergebracht. Nach Gründung des Staates Israel löste die US-Armee das Lager am 15. November 1948 auf. Während der Nazidiktatur wurden in diesem Lager Fremdarbeiter

Jahrhunderthalle in Frankfurt am Main-Radweg

und Zwangsarbeiter festgehalten.

Die **Jahrhunderthalle**, an der Sie bald darauf vorbei radeln, wurde 1963 zum hundertjährigen Bestehen der Farbwerke Hoechst AG fertiggestellt. Sie wird für Konzerte und Hauptversammlungen genutzt. Vor allem in den 1960-1970er Jahren traten hier Stars des internationalen Show-Business auf.

*Die Tour führt weiter auf dem Radweg R 8, Sie überqueren die Bahnlinie und lenken vor dem Industriepark Höchst nach links (**Wegepunkt ❸**).*

Der **Industriepark Höchst** war das rund vier Quadratkilometer große Werksgelände der ehemaligen Farbwerke Hoechst AG. Er ist einer der größten Industrieparks in Deutschland und zugleich einer der größten Chemie- und Pharmastandorte Europas.

Sie umrunden den Industriepark nach rechts und überqueren mit dem R8 auf der Leunabrücke den Main.

Hinter dem Industriepark erstreckt sich das 58,5 Hektar große **[3] Naturschutzgebiet der Schwanheimer Düne**. Das ursprünglich bewaldete Gebiet entstand etwa 10.000 Jahre v.Chr. nach der letzten Eiszeit durch Sandverwehungen aus dem Main während längerer Niedrigwasserperioden. Die Dünen sind bis zu 20 m hoch. Erst um 1885 kam die Düne zum Stillstand. Von Anfang des 20. Jahrhunderts bis 1940 wurden hier Sand und Kies abgebaut.

Auf dem Sandrasen entstand die typische Pflanzengesellschaft einer Binnendüne mit Silbergras, Bauernsenf und Sand-Grasnelke. Die meisten Pflanzen besitzen tiefgehende Pfahlwurzeln, Kiefern zeigen oft einen bizarren Wuchs, sind eher klein, buschartig und haben tiefhängende Äste.

Im Naturschutzgebiet der Schwanheimer Düne

In den Teichen leben Armleuchteralgen, Muscheln und Schnecken und in der Umgebung gefährdete Vogelarten wie Flussregenpfeifer, Haubentaucher, Kormorane und Eisvögel.

*Vor der B 40 lenken Sie nach links in den Kelsterbacher Weg (**Wegepunkt ❹**) und treffen auf den Main-Radweg (bzw. die D-Route 5). Sie folgen der Beschilderung zum Main und dann nach rechts (**Wegepunkt ❺**) flussaufwärts.*

Sie passieren das Universitätsklinikum und überqueren 1,5 km weiter auf der Friedensbrücke den Main und erreichen geradeaus den Hauptbahnhof – unser Ziel.

Der Bahnhof ist ein ebenerdiger Kopfbahnhof. Zu anderen Ebenen gibt es Aufzüge.

Für eine Besichtigung der Stadt finden Sie weitere Informationen im **Stadtporträt Frankfurt am Main**, s. Seite 92.

Reisemobilstellplätze an oder nahe der Route

Wohnmobilhafen Idstein, Himmelsbornweg, Idstein

E-Bike Ladestationen an oder nahe der Route

E-Bike Ladestation Tourist-Info Idstein, König-Adolf-Platz, Idstein

E-Bike Ladestation Gottfriedplatz, Eppstein

Orts-porträt

Frankfurt am Main ist mit mehr als 750.000 Einwohnern die fünftgrößte Stadt Deutschlands und gehört seit dem Mittelalter zu den bedeutendsten städtischen Zentren.

FRANKFURT

Eine Besiedlung des Domhügels gab es schon in der Jungsteinzeit. In merowingischer Zeit entstand eine fränkische Königspfalz und 794 versammelten sich dort wichtige Kirchenvertreter des Reiches in der Synode von Frankfurt. Die Goldene Bulle von 1356 bestätigte Frankfurt als rechtmäßige Wahlstadt der römischen Könige. Zuvor hatten hier schon seit 1147 die meisten Königswahlen stattgefunden. Seit 1372 war Frankfurt Reichsstadt. Ab 1562 fanden die Kaiserkrönungen in Frankfurt statt, zuletzt 1792 die des Habsburgers Franz II.

Im Zweiten Weltkrieg wurden etwa 70 Prozent der Gebäude, darunter fast die gesamte Alt- und Innenstadt mit ihrem nahezu geschlossen mittelalterlichen Stadtbild bei alliierten Luftangriffen zerstört. Der Wiederaufbau in den 1950er Jahren orientierte sich nicht an den historischen städtebaulichen Strukturen. Statt-

Zwei Seiten des Main:
Bankviertel
und Museumsufer

dessen entstanden schlichte modernistische Zweckbauten und Verkehrsachsen.

Bei der Wahl zur Bundeshauptstadt unterlag Frankfurt am 10. Mai 1949 gegen Konrad Adenauers Favoriten Bonn. In das zuvor bereits errichtete Parlamentsgebäude zog der Hessische Rundfunk ein. In der Folgezeit entwickelte sich Frankfurt zu einer wirtschaftlichen Metropole und zum bedeutendsten Finanzplatz Kontinentaleuropas.

Als historische Wahrzeichen der Stadt blieben die **Oper** und das teilweise rekonstruierte **Altstadtensemble** um den **Römerberg** und den **Dom** erhalten. Außerhalb der Innenstadt blieben vor allem in der **Höchster Altstadt** und in **Sachsenhausen** auf der gegenüberliegenden Seite des Mains historische Gebäude erhalten oder wurden wiederaufgebaut.

Große Rittergasse in Frankfurt-Sachsenhausen

Der katholische **Kaiserdom St. Bartholomäus** war die Wahl- und Krönungsstätte der deutschen Kaiser. Der Krönungsweg der frisch gekrönten Kaiser verlief über den Markt zum Römer.

Vor dem Dom dokumentiert der **Archäologische Garten** die Ausgrabungen der ältesten Siedlungsspuren Frankfurts aus römischer und karolingischer Zeit. Er wurde mit dem Stadthaus am Markt überbaut, um ihn vor der Witterung zu schützen. Die mehrstöckigen Häuser am **Markt** und um den **Hühnermarkt** vermitteln mit ihren Überhängen und den hohen, steilen Dächern und Giebeln noch einen Eindruck des historischen Stadtbildes. 15 Altstadthäuser wurden rekonstruiert.

Zentraler Platz der Altstadt ist der **Römerberg** mit dem **Rathaus** (Römer) aus dem 14. Jahrhundert, der frühgotischen **Alten Nikolaikirche** und der nach Kriegszerstörung rekonstruierten Häuserzeile auf der Ostseite des Platzes.

Die **Paulskirche** wurde zwischen 1789 und 1833 anstelle einer mittelalterlichen Kirche erbaut und diente bis 1944 als evangelische Hauptkirche Frankfurts. In dem klassizistischen Rundbau tagte 1848/49 die Nationalversammlung.

Am **Liebfrauenberg** befinden sich die im 14. Jahrhundert erbaute **Liebfrauenkirche**, der **Liebfrauenbrunnen** von 1770 und das 1775 errichtete **Haus Zum Paradies/Grimmvogel**, einer der wenigen erhaltenen Barockbauten in Frankfurt.

In der westlichen Altstadt steht das **Geburtshaus von Johann Wolfgang von Goethe** im Großen Hirsch-

graben. Der **Kornmarkt**, im Mittelalter eine der zentralen Straßen der Stadt ist eine ruhige Nebenstraße. Im Osten der Altstadt an der Fahrgasse finden sich noch Reste der mittelalterlichen Staufenmauer. Weiter östlich liegt der 1180 erstmals erwähnte **Jüdische Friedhof** Battonnstraße. In den Putz der Friedhofsmauer sind kleine Gedenksteine mit den Namen von 11.957 von den Nazis ermordeten jüdischen Bürgern Frankfurts eingelassen.

Städel-Museum

Besonders attraktiv sind heute die beiden Mainufer. Das **Museumsufer** auf der Sachsenhäuser Mainseite bietet Kunstmuseen wie das Städel (Gemälde), das Liebieghaus (Skulpturen), das Museum für Moderne Kunst (MMK), die Schirn Kunsthalle und ebenso das Deutsche Architekturmuseum (DAM), das Deutsche Filmmuseum und das Museum für Kommunikation (ehemals: Postmuseum).

Von den östlichen Innenstadt-Mainbrücken eröffnet sich ein Blick auf die Altstadt und die Skyline der Hochhäuser im sogenannten **Bankenviertel**.

Auch der 1888 eröffnete **Hauptbahnhof** zählt zu den Sehenswürdigkeiten der Stadt. Der Kopfbahnhof mit seiner fünfschiffigen Bahnsteighalle zählt nach der Anzahl der Fernverkehrszüge und gemessen am Passagieraufkommen zu den größten in Europa.

Burg Kronberg

Tour 10

Länge 33 km

ZU DEN BURGEN IM TAUNUS

Eine Rundtour von Kronberg über Oberursel und Königstein

Eine kurze, landschaftlich reizvolle Tour durch die beliebte Hügellandschaft des Hochtaunus.

Was erwartet mich?

32,5 km, 535 Höhenmeter, eine Tour überwiegend auf asphaltierten, naturbelassenen oder geschotterten Wegen.

Wie komm ich hin?

ÖPNV: Bahnhof Kronberg im Taunus

Mit dem Auto: A 661, Abfahrt 1 (Oberursel-Nord), weiter über die B 455 nach Kronberg im Taunus, dort Bahnhofstraße.

Was muss ich sehen?

1 **Vortaunusmuseum** in Oberursel

2 **Burg Königstein**

3 **Burg Kronberg**

Wo tank ich auf?

Alt-Oberurseler Brauhaus, Ackergasse 13, Oberursel (Taunus)

Stadtschänke, Hauptstraße 29, Königstein im Taunus

Cottage Biergarten im Schlosspark, Hainstraße 25, Kronberg im Taunus

Kartentipp: **ADFC Regionalkarte Frankfurt a. Main/ Wiesbaden/Darmstadt**

TOURSTART

Der Bahnhof in Kronberg im Taunus verfügt nur über ein Gleis und ist ohne Treppen zu erreichen.

*Sie starten am Bahnhof in Kronberg und lenken nach rechts in die Ludwig-Sauer-Straße und an deren Ende links in die Oberhöchstädter Straße, um nach 400 Metern nach rechts in die Straße „Oberer Lindenstruthweg" (**Wegepunkt ❶**) einzubiegen, die aus der Stadt führt. An der T-Kreuzung rechts und dann nach links in die Sodener Straße nach Oberhöchstadt.*

Die katholische Pfarrkirche **Sankt Vitus** ließ der Mainzer Erzbischof Lothar Franz von Schönborn 1722/23 errichten. Der ruinöse Vorgängerbau wurde dabei als Baumaterial genutzt.

*Hinter Oberhöchstadt verläuft der Radweg neben der Straße, die weiter nach Oberursel führt. Dort überqueren Sie nach links die Umgehungsstraße, biegen am Ende rechts ab (**Wegepunkt ❷**) und lenken links auf den Fuß- und Radweg parallel zur Adenauerallee.*

Geradeaus weiter haben Sie die Möglichkeit für einen Abstecher in die Altstadt.

In der Altstadt zeigt das 1 **Vortaunusmuseum** am Marktplatz die Geschichte der Stadt und des Vordertaunus. Eine spezielle Ausstellung ist der Geschichte des Seifenkisten-Sports, einem Kinderautomobil-Rennen, gewidmet.

Das nach dem Dreißigjährigen Krieg errichtete Fachwerkhaus, in dem das Museum untergebracht ist, steht auf den Resten eines mittelalterlichen Gebäudes, von dem noch ein gewölbter Keller aus der Zeit um 1500 erhalten blieb. Das Haus diente von 1782 bis 1809 als Amtshaus der Kurmainzer Amtsvogtei Oberursel und des nassauischen Amtes Oberursel. Im 19. Jahrhundert wurde das Haus als Gasthof und Brauerei genutzt. Dafür wurde 1852 ein noch bestehender „Felsenkeller", ein System von bis zu 5 Meter in die Tiefe getriebenen Kellern, zur Bierlagerung angelegt.

Kronberg im Taunus

*Auf der Hälfte des Grünstreifens biegen Sie rechts ab (**Wegepunkt ❸**), fahren durch die Neurothstraße, links in die Feldbergstraße und rechts in die Liebfrauenstraße. Nachdem Sie die Berliner Straße überquert haben, fahren Sie links in die Herzbergstraße (**Wegepunkt ❹**). Am Ende geht es leicht nach links versetzt weiter in die Erich-Ollenhauer-Straße. An der T-Kreuzung links, sofort wieder rechts in die Rheinstraße und an deren Ende nach links in die Lahnstraße. Geradeaus über die große Kreuzung, hinter dem Parkplatz rechts und kurz darauf nach links in den Steinmühlenweg. Nach 400 Metern stoßen Sie auf die Altkönigstraße und radeln leicht nach links versetzt in den Altenhöfer Weg. Am Kreisverkehr rechts in die Brüder-Grimm-Straße, nach 500 Metern rechts in die Theodor-Heuß-Straße und sofort links in die Eichendorffstraße, an deren Ende rechts in den Kastanienweg. Am Ende der Siedlung lenken Sie links in die Altkönigstraße (**Wegepunkt ❺**).*

Altstadt von Oberursel

Die Route führt nun mit deutlichem Anstieg weiter durch den Oberurseler Stadtwald, ein Naturschutzgebiet. Nach 3 km halten Sie sich links, verlassen den Wald am Ortsrand von Falkenstein, einem Stadtteil von Königstein im Taunus und radeln weiter geradeaus auf dem Grenzweg südlich des Ortes.

Linker Hand liegt im Wald der **Jüdische Friedhof**, der 1809 angelegt wurde.

*Die Route führt erneut durch ein Waldstück und im Ort vorbei an der 1914 eingeweihten Martin-Luther-Kirche. Am Ende der Straße geht es rechts in die Straße „Alt Falkenstein" (**Wegepunkt ❻**) und anschließend links in den Reichenbachweg, der gleich darauf nach rechts abknickt.*

Linker Hand sehen Sie hoch über dem Ort die **Burgruine Falkenstein**. Von dort bietet sich ein Panoramablick auf Frankfurt am Main und weite Teile der Rhein-Main-Ebene. Die Burg wurde Mitte des 14. Jahrhunderts errichtet und wechselte mehrfach die Besitzer. Nach dem Dreißigjährigen Krieg verlor sie an Bedeutung und verfiel. Erst 1842 wurde der fortschreitende Abbruch gestoppt.

*Sie radeln weiter auf dem Reichenbachweg durch den Ort. Bei der Gabelung am Ortsende halten Sie sich links (**Wegepunkt ❼**), fahren in einem Linksbogen auf dem Kaiserin-Friedrich-Weg 1,2 km durch den Wald. Dann überqueren Sie nach links versetzt die Limburger Straße und radeln auf dem Breulsweg (**Wegepunkt ❽**) am Ortsrand von Königstein entlang des Rombergs. Nach 1,3 km stoßen Sie auf den Pionierweg, in den Sie scharf nach links lenken, um gleich darauf nach rechts in den Ölmühlweg (L 3369, **Wegepunkt ❾**) einzubiegen. Nach 200 Metern verlassen Sie an der Gabelung die Straße und fahren links in den Bangertweg.*

Der Weg führt durch das Fauna-Flora-Habitat-Naturschutzgebiet **„Rombachtal und Auf dem Bangert bei Königstein"** mit Borstgrasrasen, Pfeifengras- und Glatthaferwiesen, Feuchtbrachen und Gehölzbeständen, die Lebensräume für zahlreiche seltene und bestandsgefährdete Pflanzen- und Tierarten darstellen. Dazu gehören der Helle und Dunkle Wiesenknopf-Ameisenbläuling, der Echte Wiesenhafer, das Stattliche Knabenkraut und die Färberscharte.

*Nach weiteren 1,2 km biegen Sie links ab (**Wegepunkt ❿**), überqueren die Bahnlinie und folgen dem Weg nach links entlang der Schienen.*

Burg Königstein

Hoch über Königstein thront die 2 **Burg Königstein**, eine der größten Burgruinen Deutschlands. Ihre ältesten Teile stammen aus der ersten Hälfte des 12. Jahrhunderts. Die unteren Geschosse des Bergfrieds wurden Anfang des 14. Jahrhunderts errichtet. Danach wurde er mehrfach aufgestockt bis zur heutigen Höhe von 34 Metern. Die Burg diente in dieser Zeit dem Schutz der Handelsstraße zwischen Frankfurt und Köln. Später wurde die Burg zu einem renaissancezeitlichen Residenzschloss ausgebaut, ab 1581 vom Kurfürstentum Mainz aber nur noch militärisch genutzt.

Im Koalitionskrieg von Preußen, Österreich und kleineren deutschen Staaten gegen das revolutionäre Frankreich wurde die Burg 1796 erheblich beschädigt und in den Folgejahren von der Königsteiner Bevölkerung als Steinbruch genutzt.

Reisemobilstellplätze an oder nahe der Route

Wohnmobilstellplatz am Taunus-Infozentrum, Alfred-Lechler-Straße, Oberursel (Taunus)

E-Bike Ladestationen an oder nahe der Route

E-Bike Ladestation am Opel-Zoo, Am Opelzoo 3, Kronberg im Taunus

E-Bike Ladestation am Rathaus-Parkplatz, neben der E-Tankstelle für Autos, Oberursel

*Hinter dem Wertstoffhof biegen Sie noch vor dem Bahnhof Königstein (Taunus) nach links in den Heuhohlweg und fahren am Ende rechts in die Wiesbadener Straße. Nach 400 Metern geht es links in die Bischof-Kaller-Straße (B 455). Am Kreisverkehr halten Sie sich rechts, queren die Sodener Straße (B 8) und fahren in den Mammolsheimer Weg (L 3327, **Wegepunkt ⓫**), in den Sie nach links lenken und nach 100 Metern in Fahrtrichtung auf dem Hardtbergweg weiter und aus der Stadt hinaus fahren. Nach 500 Metern Gefällstrecke durch den Wald biegen Sie links ab und erreichen den Rand des Ortsteils Mammolshain.*

Mammolshain bezeichnet sich gerne als „**Edelkastaniendorf**". Seit 1756 werden hier Edelkastanien angebaut. Noch heute gibt es 640 dieser Bäume.

*An der T-Kreuzung am Ortsrand lenken Sie nach rechts in die Straße „Am Hasensprung" und nach 300 Metern an der Gabelung nach links in den Kastanienweg. An dessen Ende geht es nach links in die Straße „Am Hasensprung", die zur Schulstraße wird. An der T-Kreuzung biegen Sie rechts in die Schwalbacher Straße, später Zeilweg, lenken dann nach links (**Wegepunkt ⓬**), überqueren die Kronthaler Straße (L 3327) und gelangen zum Quellenpark Kronthal.*

Im **Quellenpark Kronthal** gibt es mehrere Mineralquellen, denen Heilkraft zugeschrieben wird. Die älteste Quelle ist die heutige Theodorusquelle, die bereits 1439 erwähnt wurde. 1818 wurde der Sauerbrunnen entdeckt und ab 1821 gab es erste Formen eines Bade- und Kurbetriebs. Bis zum Ersten Weltkrieg wurden jährlich bis zu 2,7 Millionen Flaschen abgefüllt, die in die USA, nach England, Ägypten und Indien exportiert wurden. Nach dem Ende des Krieges verlor das Kronthaler Wasser seine Märkte. Da das Wasser zunehmend nur noch lokale Bedeutung besaß, wurde 2003 die Abfüllung eingestellt.

*Sie radeln vom Quellenpark über die Straße „Im Kronthal" (mit Linksabbiegen, **Wegepunkt ⓭**) in die Stadt und lenken nach 1,4 km vom Talweg nach rechts in die Talstraße. Sie umrunden so den Innenstadtbereich und biegen nach 600 Metern rechts in die Frankfurter Straße (L 3005) und danach in die 2. Straße links, die*

Bahnhofstraße, wo Sie Ihren Ausgangspunkt erreichen.

Burg Kronberg

Die Stadt Kronberg im Taunus nennt sich nach der **3 Burg Kronberg**, die von 1220 bis 1704 Stammsitz der Ritter von Cronberg war. Kronberg gilt als drittreichste Kommune in Deutschland und gehört mit der Nachbarstadt Königstein im Taunus zu den besonders teuren Wohnlagen.

Die die Stadt überragende Burg besteht aus einer hochmittelalterlichen Oberburg mit einem Freiturm aus der Stauferzeit, einer spätmittelalterlichen Burgkapelle sowie einer frühneuzeitlichen Mittelburganlage, die eher als Schloss gilt. Die heute noch sichtbaren Bauwerke der Burganlage entstanden überwiegend in der Zeit von etwa 1170 bis 1505. Nach dem Aussterben der Herren von Kronberg kam die Burg 1704 zum Kurfürstentum Mainz. Während der napoleonischen Kriege wurde die Burg von französischen Truppen besetzt und teilweise auch beschädigt. Als die Burg 1866 von Preußen übernommen wurde, war sie teilweise einsturzgefährdet. Heute ist sie weitgehend restauriert und ein Museum für Stadtgeschichte bietet einen Einblick in die Geschichte der Burg und der Stadt.

Wenn Sie sich noch etwas Zeit für eine Besichtigung in Kronberg nehmen möchten, so ist die ab 1440 errichtete evangelische **Stadtkirche St. Johann** sehenswert. Ihr Chor stammt noch vom Vorgängerbau, der beim großen Stadtbrand 1437 zerstört wurde. Zwischen 1440 und 1450 wurden das Langhaus und der Turm erbaut. Bemerkenswert ist die farbige Deckenmalerei des Holztonnengewölbes im Langhaus aus dem Jahr 1617. Im Chor beeindrucken die Grabmäler der Cronberger und Reifenberger Ritterfamilien.

Nach der Kaiserin ist der **Victoriapark** benannt, der um 1900 im Stil eines Englischen Landschaftsparks angelegt wurde.

Ruine der Burg Vilbel

Tour 11

Länge 53 km

BÄDER, BURGEN, RESIDENZEN

Rundtour von Bad Homburg über Bad Vilbel und Karben nach Bad Homburg

Eine landschaftlich reizvolle und sportliche Tour durch die Bäderlandschaft des Taunus.

Was erwartet mich?

53 km, 215 Höhenmeter, eine Tour überwiegend auf asphaltierten Wegen – teilweise beschildert als Grün-Gürtel Frankfurt, Nidda-route, R4 und Regionalpark Rundroute.

Wie komm ich hin?

ÖPNV: Bahnhof Bad Homburg

Mit dem Auto: A 661, Abfahrt 2 (Oberursel), weiter nach Bad Homburg, dort Bahnhofplatz.

Was muss ich sehen?

1 Ruine der Burg Vilbel
2 Karbener Rosenhang
3 Schloss Homburg

Wo tank ich auf?

Wirtshaus zur Nidda, Huizener Str. 9, Bad Vilbel

Ratsschänke, Frankfurter Str. 12, Karben

Biergarten Am Römerbrunnen, Kisseleffstraße 27, Bad Homburg v. d. Höhe

Kartentipp: **ADFC Regionalkarte Frankfurt a. Main/ Wiesbaden/Darmstadt**

TOURSTART

Der Bahnhof Bad Homburg verfügt über Aufzüge.

*Sie starten vom Bahnhof nach links auf der Frölingstraße, biegen links in die Schleußnerstraße und folgen nach Überquerung der Bahngleise der Straße nach links und anschließend rechts in die Siemensstraße. Sie überqueren die Zeppelinstraße (L 3003, **Wegepunkt ❶**), fahren geradeaus weiter und biegen vor der Rechtskurve links ab. Der Weg führt Sie im Zickzack durch die Felderlandschaft parallel zur A 661 in Richtung A 5 und knickt davor nach links ab (**Wegepunkt ❷**). Vor dem Südring (L 3003) fahren Sie rechts und queren die L 3003 nach links erst an der Kreuzung. Hinter den Schienen geht es rechts in den Weg „Am Sauereck" und die nächste wieder rechts (**Wegepunkt ❸**), um parallel zu den Gleisen die A 5 zu unterqueren.*

*Der Weg führt in einem Links-/Rechtsknick nach Niedereschbach, wo Sie vor dem Friedhof nach rechts in die Leo-Tolstoj-Straße (**Wegepunkt ❹**) und nach links in den Tannenweg einbiegen. In Fahrtrichtung geht es weiter und auf der Straße „Niedereschbacher Stadtweg" aus der Stadt hinaus nach Harheim. Vor dem Ort lenken Sie nach links in den Grundweg (**Wegepunkt ❺**), auf dem Sie die Kreisstraße unterqueren. Sie radeln entlang des Eschbachs bis zur T-Kreuzung, wechseln nach links das Ufer und überqueren auf dem Harheimer Stadtweg die Nidda.*

*Am anderen Ufer lenken Sie nach rechts, folgen dem Fluss für 1,2 km und biegen dann links ab nach Berkersheim. Der Weg führt aufsteigend durch die Siedlung, Sie lassen die Kirche links liegen und fahren nach einem Links-/Rechtsknick in die Straße Am Dachsberg (**Wegepunkt ❻**).*

Wir befinden uns auf der Radroute „GrünGürtel Frankfurt" und folgen den Schildern links/rechts/rechts entlang des Ortsrands Richtung Innenstadt, unterqueren zwei Mal die A 661 nach links, um dann nach rechts und nach 600 m nach links auf der Brücke über die Friedberger Landstraße hinweg nach Bergen zu radeln.

In Bergen blieb von der **Schelmenburg**, einer mittelalterlichen Wasserburg, deren Ritter zeitweise auch als Raubritter tätig waren, nur ein Barockbau aus dem Jahr 1700 erhalten.

Im Ort folgen Sie den Radwegmarkierungen über die Marktstraße und links in die Straße „Landgraben". Hinter der B 521 geht es auf dem Landgrabenweg durch das

Bad Homburg

*Naturschutzgebiet Berger Warte mit Wiesen und alten Obstbäumen. Sie verlassen hier den markierten Radweg (**Wegepunkt** ❼) und radeln geradeaus weiter durch ein Waldstück mit Anstieg direkt nach Bad Vilbel.*

Die Stadt ist für ihre **Mineralquellen** überregional bekannt. Zahlreiche alte und neue Brunnen im Stadtbild zeugen davon. Der bekannteste ist der **Römerbrunnen**. Er wurde von 1929 bis 1930 erbohrt und 2007 und 2012 renoviert. Aus 287 Meter Tiefe sprudelt ein Heilwasser mit hohem Kohlensäuregehalt. Der Römerbrunnen zählt zu den mineralhaltigsten Quellen in ganz Deutschland. In der Stadtmitte sind auch noch viele fränkische Fachwerkhäuser zu finden, darunter das 1498 errichtete Alte Rathaus.

Unsere Tour führt in Bad Vilbel durch die Ritterstraße und nach einem Rechts-Links-Rechts-Knick weiter über die Nidda. Am anderen Ufer biegen Sie nach rechts und folgen der Niddaroute entlang des Flusses.

Dabei passieren Sie die 1 **Ruine der Burg Vilbel**, deren älteste Bauteile aus dem 12. Jahrhundert stammen. Sie wurde 1796 von der französischen Revolutionsarmee zerstört.

*Der Radweg führt weiter entlang der Nidda. Dabei wechseln Sie in Dortelweil (**Wegepunkt** ❽) und noch einmal in Gronau (**Wegepunkt** ❾) das Flussufer. In Gronau stoßen sie dabei auf den Radweg R4, der Sie nach Karben führt.*

Rosenhang in Karben

Reisemobilstellplätze an oder nahe der Route

Wohnmobilstellplatz Lindenhof, Jakob-Lengfelder-Straße 152, Bad Homburg v. d. Höhe
Wohnmobilstellplatz am Festplatz, Festplatzstraße 8, Bad Vilbel
Wohnmobilstellplatz Tor zur Wetterau, Kaicher Weg, Karben

E-Bike Ladestationen an oder nahe der Route

Fahrradparkhaus im Kulturbahnhof, Am Bahnhof 2, Bad Homburg v. d. Höhe
E-Bike Ladestation ALDI Süd, Justus-von-Liebig-Straße 4, Bad Homburg v. d. Höhe
E-Bike Ladestation am Kartenbüro, Klaus-Havenstein-Weg 1, Bad Vilbel
E-Bike Ladestation am Eingang des Freibades, Huizener Straße, Bad Vilbel
E-Bike Ladestation an der Nidda-Terrasse am KSV-Gelände, Günter-Reutzel-Weg 4, Karben

Etwas abseits der Route erstreckt sich oberhalb von Klein-Karben am Friedhof der 2 **Karbener Rosenhang**. Hier wurden seit 1993 über 700 verschiedene historische Rosen gepflanzt. Vor allem im Juni lohnt ein Abstecher zu den duftenden Blüten.

*In Okarben wechseln Sie erneut das Ufer der Nidda (**Wegepunkt ⑩**), verlassen aber den Radweg R4 und lenken nach links in die Untergasse, um dem Radweg Regionalpark Rundroute über Petterweil nach Bad Homburg zu folgen.*

In Petterweil passieren Sie das ehemalige **Schloss Petterweil**. Es wurde im Dreißigjährigen Krieg zerstört und ab 1650 wurde aus Resten des Schlosses ein dreiseitiger Gutshof neu errichtet.

*Sie radeln weiter auf dem Radweg Regionalpark Rundroute. Am Ortsrand von Gonzenheim treffen Sie auf die Peterhofer Straße (**Wegepunkt ⑪**) und lenken nach rechts. Die Tour führt ein Stück rechts am Eschbach entlang und links durch die Jakob-Lengfelder-Straße (**Wegepunkt ⑫**) zu den Bahnschienen. Über (rechts) den Homburger Weg und (links) den Eschbacher Weg stoßen Sie auf die Straße „Lange Meile", in die Sie rechts einbiegen. Nach 200 Meter nehmen Sie den Radweg nach links (**Wegepunkt ⑬**), der Sie über den Rathausplatz zum Bahnhof Bad Homburg, Ihrem Ausgangspunkt, führt.*

Schloss Homburg

Wenn Sie sich noch etwas Zeit für eine Stadtbesichtigung Bad Homburg nehmen möchten, so ist der **Rathausplatz** ein guter Startpunkt.

Die Stadt machte sich im 19. Jahrhundert einen Namen als Kur- und späterer Kongressort. Die 1841 gegründeten Spielbank wird gerne auch als „Mutter von Monte-Carlo" bezeichnet.

Das 3 **Schloss Homburg** war Residenz der Landgrafen von Hessen-Homburg und nach 1866 Sommerresidenz der preußischen Könige und deutschen Kaiser. Heute ist es als Museumsschloss öffentlich zugänglich. Der Baukomplex ist in zwei Innenhöfe unterteilt: den unteren an der Schlosskirche und den oberen Hof, der mit seiner nach Westen offenen Terrasse einen Ausblick auf Taunus und Schlosspark bietet. Als Vorgängerbauwerke gab es eine Burg aus dem 12. Jahrhundert, ein leichter Pfostenbau, der in der zweiten Hälfte des 14. Jahrhunderts durch eine in Stein erbaute Burg ersetzt wurde. 1680 ließ Landgraf Friedrich II. die Burg abreißen, nur der Bergfried, der heutige Weiße Turm blieb erhalten.

Altstadt in Höchst

VOM DOM ZUR RESIDENZ

Eine Rundtour durch Frankfurt a.M. – vom Hauptbahnhof über Höchst und Bockenheim

Eine leichte und reizvolle Entdeckungstour durch die Innenstadt von Frankfurt am Main und seine westlichen Außenbezirke.

Was erwartet mich?

37,7 km, 50 Höhenmeter, eine Tour überwiegend auf asphaltierten Wegen – teilweise beschildert als Main-Radweg, D5, R8, GrünGürtel Frankfurt und Niddaroute.

Wie komm ich hin?

ÖPNV: Hauptbahnhof Frankfurt a.M.

Mit dem Auto: A 648, bis Messe Frankfurt, weiter auf der B 44 zum Hauptbahnhof.

Was muss ich sehen?

1 **Naturschutzgebiet Schwanheimer Düne**

2 **Solmspark** und **Brentanopark**

3 **Kaiserdom St. Bartholomäus**

Wo tank ich auf?

Gaststätte Mainlust, Hegarstraße 1, Frankfurt a.M.

Niddastrand, Oeserstraße 80, Frankfurt a.M.

Bootshaus Frau Rauscher auf dem Main, Schaumainkai 1001, Frankfurt a.M.

Kartentipp: **ADFC Regionalkarte Frankfurt a. Main/ Wiesbaden/Darmstadt**

TOURSTART

Der Hauptbahnhof von Frankfurt am Main ist ein ebenerdiger Kopfbahnhof. Zu anderen Ebenen gibt es Aufzüge.

*Sie starten am Bahnhofsausgang, lenken nach rechts, überqueren den Main, fahren in einer Schleife nach rechts zum Mainufer und radeln flussabwärts auf dem Main-Radweg. Hinter der Autobahnbrücke der A 5 passieren Sie den Stadtteil Schwanheim und die Staustufe des Mains. Hinter der nächsten Brücke folgen Sie den Schildern des Main-Radwegs nach links (**Wegepunkt** ❶), umfahren das Naturschutzgebiet Schwanheimer Düne und biegen dann rechts ab auf den Radweg R 8 zur Brücke der B 40, um den Main zu überqueren.*

Das ursprünglich bewaldete Gebiet der 1 **Schwanheimer Düne** entstand etwa 10.000 Jahre v.Chr. nach der letzten Eiszeit durch Sandverwehungen aus dem Main während längerer Niedrigwasserperioden. Die Dünen sind bis zu 20 m hoch. Erst um 1885 kam die Düne zum Stillstand. Von Anfang des 20. Jahrhunderts bis 1940 wurden hier Sand und Kies abgebaut.

Auf dem Sandrasen entstand die typische Pflanzengesellschaft einer Binnendüne mit Silbergras, Bauernsenf und Sand-Grasnelke. Die meisten Pflanzen besitzen tiefgehende Pfahlwurzeln, Kiefern zeigen oft einen bizarren Wuchs, sind eher klein, buschartig und haben tiefhängende Äste.

In den Teichen leben Armleuchteralgen, Muscheln und Schnecken und in der Umgebung gefährdete Vogelarten wie Flussregenpfeifer, Haubentaucher, Kormorane und Eisvögel.

Der **Industriepark Höchst** war das rund vier Quadratkilometer große Werksgelände der ehemaligen Farbwerke Hoechst AG. Er ist einer der größten Industrieparks in Deutschland und zugleich einer der größten Chemie- und Pharmastandorte Europas.

*Hinter der Leunabrücke radeln Sie rechts in die Brüningstraße (**Wegepunkt** ❷).*

Höchst entstand an der Kreuzung frühgeschichtlicher Verkehrswege. Unmittelbar nach der Mündung der Nidda in den Main schiebt sich eine Hangkante fast bis ans Flussufer heran. Das Plateau war damit hochwassersicher und auch gut zu verteidigen.

Rechter Hand passieren Sie das **Höchster Schloss**. Es besteht aus dem im 14. bis 16. Jahrhundert erbau-

Schloss Höchst

ten Alten Schloss und dem Ende des 16. Jahrhunderts entstandenen Neuen Schloss. Es war die Residenz der Amtsleute des Mainzer Erzbistums in der ehemaligen Stadt Höchst am Main. Das sogenannte Alte Schloss ersetzte eine gotische Zollburg aus dem 14. Jahrhundert. Nur der Bergfried dieser Burg ist noch erhalten. Er wurde 1681 mit einer barocken Haube versehen. Das Schloss wurde 1586 im Stil der Renaissance erbaut. Sein Palas wurde während des Dreißigjährigen Krieges niedergebrannt und nicht wiederaufgebaut. Das Neue Schloss stammt wahrscheinlich aus dem späten 16. Jahrhundert. Es diente als kurfürstliches Gästehaus. Nach dem Zweiten Weltkrieg beschlagnahmte die US-Armee 1945 beide Teile des Schlosses und betrieb hier den Soldatensender American Forces Network (AFN).

Den **Schlossplatz** säumen Fachwerkhäuser aus der Zeit nach dem großen Stadtbrand von 1586. Im ehemaligen Gasthaus „Der Karpfen" waren einst Dürer, Goethe und Mozart zu Gast.

Die **Justinuskirche** ist das älteste Bauwerk Frankfurts. Sie entstand um 830 mit ihrer dreischiffigen Basilika. Der hochgotische Chor stammt aus dem 15. Jahrhundert. Ehemalige Adelshöfe in der Altstadt aus der Zeit der Renaissance wie das Dalberger Haus und das Kronberger Haus sind dem Höchster Porzellan verbunden. Im Dalberger Haus befindet sich eine

Brentanopark

Verkaufsstelle der Höchster Porzellanmanufaktur, im Kronberger Haus das Porzellanmuseum des Historischen Museums Frankfurt.

Unsere Tour führt rechts in die Straße Mainberg und auf der Radroute „GrünGürtel Frankfurt" flussaufwärts entlang der Nidda.

Sie passieren schon bald den barocken **Bolongaropalast**, das beeindruckendste Bauwerk der 1768 als Stadterweiterung gegründeten Höchster Neustadt. Ursprünglich im Familienbesitz der Tabakhändler Bolongaro wurde darin im 19. Jahrhundert eine Fabrik für Gas- und Wasserleitungen eingerichtet. Zeitweise gab es darin auch eine Messinggießerei und eine Fabrik zur Herstellung von Bettfedern. Ab 1908 diente der Palast als Rathaus der Stadt Höchst und ist noch heute eine Außenstelle der Stadtverwaltung.

*Hinter dem Palast überqueren Sie auf einer kleinen Brücke die Nidda und radeln am anderen Ufer weiter flussaufwärts. Vor (**Wegepunkt** ❸) und hinter dem Autobahnkreuz Westkreuz Frankfurt überqueren Sie die Nidda und erreichen so den Solmspark.*

Der 5 ha große 2 **Solmspark** bietet weitläufige Wiesenflächen und einen beeindruckenden alten Baumbestand. In der Mitte des Parks steht eine botanische Rarität: eine kaukasische Flügelnuss mit 60 Metern Durchmesser und 20 Metern Höhe. Seit dem 12. Jahrhundert stand hier eine Wasserburg, die 1463 in den Besitz der Grafen zu Solms kam. Seit 1800 wurden hier Obstbäume und ein barocker Lustgarten angelegt, der später zu einem klassischen Landschaftspark

umgestaltet wurde. Ein 1864 errichtetes klassizistisches Schloss wurde 1943 bei einem alliierten Luftangriff zerstört und nicht wieder aufgebaut.

An den Solmspark schließt sich der 2 **Brentanopark** an. Auch er bietet einen alten Baumbestand auf hügeligen Wiesen. 1770 wurde der Park als Garten des preußischen Hofrats Basse angelegt. Die Frankfurter Kaufmannsfamilie Brentano erwarb ihn 1808, erweiterte den Park und gestaltete ihn bis 1848 zu einem romantischen Landschaftspark.

Am Nidda-Wehr steht das **Petrihäuschen**. Der Berliner Architekt Carl Friedrich Schinkel baute es für Georg Brentano in ein Schweizer Haus um, in dem sich die geistige und politische Prominenz jener Zeit traf. Im Obergeschoss ist ein Brentanomuseum eingerichtet. Neben dem Haus steht ein über 250 Jahre alter Ginkgo-Baum. Er soll Goethe zu dem Gedicht „Ginkgo Biloba" im „Westöstlichen Diwan" inspiriert haben.

Petrihäuschen

*Am Ende des Parks wechseln Sie erneut das Nidda-Ufer und folgen weiter den Schildern des Niddaradwegs. In Frankfurt-Heddernheim verlassen Sie den Radweg, halten sich an der Weggabelung vor der Brücke links (**Wegepunkt 4**) und überqueren auf der Heddernheimer Landstraße den Fluss. Sie lenken am anderen Ufer nach links und folgen der Radwegbeschilderung ca. 8 km ins Stadtzentrum.*

*Mit der Eschersheimer Landstraße durchqueren Sie den Grüngürtel der Frankfurter Wallanlagen (**Wegepunkt 5**).*

Gegen Ende des 18. Jahrhunderts waren die Anlagen der **Frankfurter Stadtbefestigung** militärisch wertlos geworden. Es wurde sogar die Gefahr gesehen, dass die Stadt im Falle einer Verteidigung der Gefahr einer Beschießung ausgesetzt wäre. So beschloss der Rat der Stadt 1802 den Abriss der Befestigungen. Die Mauern und Wälle wurden 1806 bis 1812 abgerissen. Das Gelände wurde teils verkauft mit der Auflage, dass die Gärten der Öffentlichkeit zur Verfügung stehen mussten, teils wurde ein öffentlicher Landschaftsgarten im englischen Stil gestaltet. 1827 wurde die noch heute gültige Wallservitut erlassen, wonach dieser etwa 100 Meter breite Grünstreifen unbebaut bleiben muss. Am Anlagenring entstanden daraufhin prächtige Villen mit großen Gärten.

Reisemobilstellplätze an oder nahe der Route

Keine Reisemobil-Stellplätze an oder nahe der Route!

E-Bike Ladestationen an oder nahe der Route

E-Bike-Ladestation, Brüningstraße 1, Frankfurt-Höchst

E-Bike Ladepunkt traffiQ-Verkehrsinsel Hauptwache, Zeil 129

Bild rechts: Kaiserdom St. Bartholomäus

Sie radeln geradeaus weiter, überqueren die Zeil, die bekannte Einkaufsstraße, passieren die Katharinenkirche, die evangelische Hauptkirche in Frankfurt a.M., und lenken nach links in die Bleidenstraße. Nach 600 Metern biegen Sie rechts in die Fahrgasse und radeln zum Dom.

Der 3 **Kaiserdom St. Bartholomäus** war ehemalige Wahl- und Krönungskirche der römisch-deutschen Kaiser. Seit 1147 fanden hier die meisten Königswahlen statt. Der Dom war von 852 bis 1803 eine Stiftskirche, aber zu keinem Zeitpunkt eine Bischofskirche. Der heutige Bau ist bereits der vierte an gleicher Stelle. Vorgängerbauten lassen sich bis in das 7. Jahrhundert zurückverfolgen. 1239 wurde der Bau des heutigen gotischen Doms begonnen und im Wesentlichen bis 1514 fortgesetzt. Aus Geldmangel erhielt der Westturm im Mittelalter nicht die geplante Laterne. Erst nach dem Dombrand 1867 wurde der Turm nach den ursprünglichen Plänen 1878 vollendet.

Sie überqueren den Main über die Alte Brücke und lenken am anderen Ufer nach rechts.

Die folgende Fußgängerbrücke über den Main ist der „**Eiserne Steg**", der seit 1868 die Altstadt mit dem Stadtteil Sachsenhausen verbindet. Eine erste Brücke wurde 1912 durch eine verbreiterte und verstärkte Konstruktion ersetzt, die obendrein höher gelegt wurde. Nach der Sprengung in den letzten Tagen des Zweiten Weltkrieges wurde diese 1946 wieder aufgebaut, 1993 aber anlässlich einer Renovierung nochmals etwas höher gesetzt.

In Frankfurt-Sachsenhausen stehen am Museumsufer entlang des Mains 13 Museen, darunter das **Städel**, eines der bedeutendsten und bekanntesten Kunstmuseen Deutschlands.

Sie radeln weiter mainabwärts und überqueren den Fluss über die große Brücke, die Friedensbrücke zum Hauptbahnhof, Ihrem Ausgangspunkt.

Weitere Informationen für eine Besichtigung der Stadt finden Sie im **Stadtporträt Frankfurt am Main**, s. Seite 92.

Tour
12
BACARDI TOGETHER
DEINE
WAPPEN VON FRANKFURT
Frankfurt / Main D

Blick vom Sachsenhauser Ufer auf Bankenviertel und Altstadt

ZU DEN MINERALQUELLEN VON BAD VILBEL

Eine Rundtour durch Frankfurt am Main vom Hauptbahnhof über Sachsenhausen und Bad Vilbel

Eine reizvolle Tour mit einer herausfordernden Steigung nordöstlich von Frankfurt.

Was erwartet mich?

41 km, 204 Höhenmeter, eine Tour überwiegend auf asphaltierten Wegen teilweise beschildert als Main-Radweg und GrünGürtel Frankfurt.

Wie komm ich hin?

ÖPNV: Hauptbahnhof Frankfurt a.M.
Mit dem Auto: A 648, bis Messe Frankfurt, weiter auf der B 44 zum Hauptbahnhof.

Was muss ich sehen?

1. **Kuhhirtenturm** in Sachsenhausen
2. **Klappergasse** in Sachsenhausen
3. **Römisches Mosaik** in Bad Vilbel

Wo tank ich auf?

Bootshaus Frau Rauscher auf dem Main, Schaumainkai 1001, Frankfurt a.M.

Himmel & Erde, Bornweidstraße 29, Frankfurt am Main

restaurantcafé in der ALTEN MÜHLE, Lohstraße 13, Bad Vilbel

Bier- & Apfelweinlokal Friedberger Warte, Friedberger Landstraße 414, Frankfurt a.M.

Kartentipp: **ADFC Regionalkarte Frankfurt a. Main/ Wiesbaden/Darmstadt**

TOURSTART

Der Hauptbahnhof von Frankfurt am Main ist ein ebenerdiger Kopfbahnhof. Zu anderen Ebenen gibt es Aufzüge.

Sie starten am Bahnhofsausgang, lenken nach rechts, überqueren den Main, fahren in einer Schleife nach rechts zum Mainufer und weiter flussaufwärts auf dem Main-Radweg.

In Frankfurt-Sachsenhausen stehen am Museumsufer entlang des Mains 13 Museen, darunter das **Städel**, eines der bedeutendsten und bekanntesten Kunstmuseen Deutschlands.

Sie passieren den „**Eisernen Steg**", eine Fußgängerbrücke, die seit 1868 die Altstadt mit dem Stadtteil Sachsenhausen verbindet. Eine erste Brücke wurde 1912 durch eine verbreiterte und verstärkte Konstruktion ersetzt, die obendrein höher gelegt wurde. Nach der Sprengung in den letzten Tagen des Zweiten Weltkrieges wurde diese 1946 wieder aufgebaut, 1993 aber anlässlich einer Renovierung nochmals etwas höher gesetzt.

Sie passieren die **Alte Brücke**, die in die Altstadt führt und anschließend die Große Ritterstraße rechter Hand.

Kuhhirtenturm

Hier steht noch der 1 **Kuhhirtenturm**, ein spätgotischer Wehrturm. Er wurde 1390 als Teil der Frankfurter Stadtbefestigung errichtet und diente bis ins 17. Jahrhundert als Torhaus sowie zum Schutz der Uferbefestigung am Main. Außer dem Kuhhirtenturm sicherten einst vier weitere Türme in einem Abstand von rund 50 Metern diesen Mauerabschnitt. Das Tor diente den in Sachsenhausen lebenden Fischern als Zugang zum Main. Als zu Beginn des 19. Jahrhunderts die Frankfurter Befestigungsanlagen geschleift wurden, blieb der Kuhhirtenturm stehen. Er wurde weiterhin als Durchgang zum Main benötigt und als Wohngebäude genutzt.

1923 stellte der Magistrat der Stadt Frankfurt, Turm und Torhaus dem Komponisten Paul Hindemith als Wohnung zur Miete zur Verfügung. Nach seinem Umzug nach Berlin (1927) wohnten hier bis 1943 seine Mutter und seine Schwester. Während des Zweiten Weltkriegs wurde der Turm durch Bombardements schwer beschädigt. Erhalten blieben lediglich die Grundmauern

Eiserner Steg

aus Granit bis zum dritten Stockwerk. Ab 2010 von der Stadt Frankfurt aufwendig saniert, zeigt dort heute das „Hindemith Kabinett im Kuhhirtenturm" Exponate zu Leben und Werk des Komponisten.

Abgerissen wurde 1809 das **Affentor** der Stadtbefestigung. An dessen Stelle wurden am Affentorplatz 1810/11 die beiden klassizistischen Affentorhäuser als Zoll- und Wachlokale errichtet, zwischen denen die Straße hindurchführte. Schließlich wurden noch bis 1837 nachts die Stadttore verschlossen. Die beiden Häuser wurden bis 1995 als Bürgerhäuser genutzt. Heute gehören sie dem Caritasverband.

Unweit des Platzes ist die **2 Klappergasse** das Zentrum des Sachsenhäuser Apfelweinviertels. Der 1961 aufgestellte Frau-Rauscher-Brunnen erinnert an das bekannteste Sachsenhäuser Original. Fraa (Frau) Rauscher soll im 19. Jahrhundert in der Frankfurter Klappergasse gelebt haben. Ihr womöglich erfundener Name enthält eine Anspielung auf den in Sachsenhausen beliebten jungen, noch gärenden Apfelwein, der nicht nur im Glas „rauscht", sondern auch bei stärkerem Genuss Durchfall verursachen kann. Wer am Brunnen vorbeigeht, muss darauf gefasst sein, dass dieser in unerwarteten Augenblicken Passanten mit Wasser bespuckt.

Riedteich

*Sie radeln auf dem Main-Radweg weiter flussaufwärts nach Offenbach und überqueren hinter dem Hafen auf der Carl-Ulrich-Brücke den Main (**Wegepunkt** ❶), um auf dem gegenüberliegenden Ufer den Schildern des „GrünGürtel Frankfurt" weiter flussaufwärts zu folgen.*

Sie passieren Frankfurt-Fechenheim. Der Fechenheimer Mainbogen ist Teil des Frankfurter Grüngürtels und als Landschaftsschutzgebiet ausgewiesen. Der Uferweg diente früher als Leinpfad.

*Nach gut 4 km verlassen Sie den Main (**Wegepunkt** ❷) und folgen in Alt Fechenheim weiter dem Radweg „GrünGürtel Frankfurt", der Sie hinter der B 8 und der Bahnlinie in den Fechenheimer Wald führt. Im Zickzack führt der Radweg über die A 66 in den Enkheimer Wald und in das Naturschutzgebiet Enkheimer Ried.*

Um den 4,5 ha großen **Riedteich** als Kern des Naturschutzgebietes gibt es eine große Auenlandschaft. Am Uferbereich des Riedteichs gibt es Feuchtbiotope mit typischen Bäumen wie z.B. Schwarz-Erle und verschiedene Weidenarten. Zahlreiche seltene Vogelarten leben und brüten hier. Zu den Vögeln zählen Kormoran, Haubentaucher, Teichhuhn, Wasserralle, Mäusebussard, Schwarzmilan, Sperber, Nachtigall, Kernbeißer und viele Gänsearten. Auch eine Steinkauzpopulation ist zu finden. Die in Höhlungen von alten Obstbäumen aufgezo-

genen Jungvögel verlassen Ende Mai das Nest und sind so gelegentlich auf den Ästen zu sehen. An warmen sonnigen Tagen lassen sich am Ufer des Riedteiches auch Europäische Sumpfschildkröten beobachten.

*Der Radweg streift den Ortsrand von Bergen und führt dann durch die Felderlandschaft. Wo der Radweg „GrünGürtel Frankfurt" (GGF) vor dem Waldstück nach links abknickt (**Wegepunkt** ❸), radeln Sie weiter geradeaus nach Bad Vilbel.*

*Sie biegen links in den Lindenweg (**Wegepunkt** ❹), erreichen den Ortsrand an der Hanauer Straße, fahren hier rechts, die nächste links in die Bergstraße, rechts in den Erzweg und an dessen Ende rechts in die Frankfurter Straße, die in einem Linksbogen über den Marktplatz zur Brücke über die Nidda führt.*

Die Stadt Bad Vilbel ist für ihre **Mineralquellen** überregional bekannt. Zahlreiche alte und neue Brunnen im Stadtbild zeugen davon. Der bekannteste ist der **Römerbrunnen**. Er wurde von 1929 bis 1930 erbohrt und 2007 und 2012 renoviert. Aus 287 Meter Tiefe sprudelt ein Heilwasser mit hohem Kohlensäuregehalt. Der Römerbrunnen zählt zu den mineralhaltigsten Quellen in ganz Deutschland. In der Stadtmitte sind auch noch viele fränkische Fachwerkhäuser zu finden, darunter das 1498 errichtete Alte Rathaus.

Rechts von der Brücke sehen Sie die **Ruine der Burg Vilbel**, deren älteste Bauteile aus dem 12. Jahrhundert stammen. Sie wurde 1796 von der französischen Revolutionsarmee zerstört und blieb seitdem Ruine.

Hinter der Brücke biegen Sie auf den Weg nach links.

Sie passieren im Kurpark einen **Glaspavillon**, in dem in einem Wasserbecken die Rekonstruktion eines 3 **römischen Mosaiks** ausgestellt ist. Dargestellt ist der Meeresgott Oceanus umgeben von grotesken Mischwesen und Tieren.

*Im Kurpark halten Sie sich rechts, folgen der Parkstraße nach links und treffen auf die Kasseler Straße (**Wegepunkt** ❺), auf der Sie nach links über die Nidda*

Römisches Mosaik in Bad Vilbel

Reisemobilstellplätze an oder nahe der Route

Wohnmobilstellplatz am Festplatz, Festplatzstraße 8, Bad Vilbel

E-Bike Ladestationen an oder nahe der Route

E-Bike Ladestation am Kartenbüro, Klaus-Havenstein-Weg 1, Bad Vilbel
E-Bike Ladestation am Eingang des Freibades, Huizener Straße, Bad Vilbel
E-Bike Ladepunkt traffiQ-Verkehrsinsel Hauptwache, Zeil 129, Frankfurt a.M.

in Richtung Zentrum fahren. Am Kreisverkehr nehmen Sie die erste Ausfahrt, lenken links in den Berkersheimer Weg und erreichen geradeaus hinter der B3 Berkesheim.

In Frankfurt-Berkersheim ist die barocke Michaeliskirche am südwestlichen Ortsrand in der Straße „Am Herrenhof" sehenswert.

*Kurz vor der Kirche treffen Sie auf den Radweg „Grüngürtel Frankfurt" (GGF) und folgen der Beschilderung nach links in Richtung Preungesheim. Nach Unterquerung der A 661 führt der Radweg am Ortsrand von Preungesheim nach links. Sie unterqueren erneut die A 661 und folgen den Schildern des GGF. Hinter der B 521 (**Wegepunkt ❻**) lenken Sie nach 700 Metern rechts in den Weg nach Seckbach.*

In Seckbach radeln Sie am östlichen Ortsrand Richtung Süden und überqueren auf der Heinz-Herbert-Karry-Straße (L 3002) die A 661 nach Bornheim.

*Dort biegen Sie vor der Grünfläche des Rosengärtchens nach rechts, umfahren die Grünfläche und lenken halbrechts in die Straße „Im Prüfling", die sich als Burgstraße fortsetzt. Nach 1,1 km stoßen Sie auf die Bornheimer Landstraße (**Wegepunkt ❼**), fahren nach rechts und gleich nach links in die Feststraße und stoßen im Zickzack auf den Bethmannpark.*

Die 3,1 Hektar große Grünanlage des **Bethmannparks** wurde 1783 vom Bankier Johann Philipp Bethmann erworben. Zu den prominentesten Besuchern zählten 1803 König Friedrich Wilhelm III. von Preußen, 1813 Kaiser Napoléon Bonaparte, 1815 Johann Wolfgang von Goethe und 1863 Kaiser Franz Joseph von Österreich-Ungarn. Noch heute verfügt der Bethmannpark über einen alten Baumbestand.

*Sie umrunden den Platz nach links und queren die stark befahrene Friedberger Landstraße, um nach links auf den Radweg neben der Straße „Friedberger Tor" einzubiegen. Nach 200 Metern lenken Sie rechts in die Vilbeler Straße. Am Kreisel fahren Sie links in die Große Friedberger Straße bis zur bekannten Einkaufsstraße „Zeil". Sie dürfen dort radeln, allerdings ist dort angesichts vieler Fußgänger Vorsicht und Schritttempo angesagt. Am Platz zur U-Bahn-Haltestelle Hauptwache (**Wegepunkt ❽**) halten Sie sich links.*

Bethmannpark

Geradeaus weiter erreichen Sie den Opernplatz. Die **Alte Oper** wurde von 1873 bis 1880 erbaut und bei einem Luftangriff 1944 zerstört. Der Wiederaufbau begann erst 1976 und dauerte bis 1981.

Von der Straße Roßmarkt biegen Sie rechts ab in die Kaiserstraße und erreichen geradeaus weiter den Hauptbahnhof, Ihren Ausgangspunkt.

Dabei durchqueren Sie den **Grüngürtel** der Frankfurter Wallanlagen, der Anfang des 19. Jahrhunderts auf dem Gelände der ehemaligen Frankfurter Stadtbefestigung entstand. Gegen Ende des 18. Jahrhunderts waren diese Befestigungsanlagen militärisch wertlos geworden. Es wurde sogar die Gefahr gesehen, dass die Stadt im Falle einer Verteidigung der Gefahr einer Beschießung ausgesetzt wäre. So beschloss der Rat der Stadt 1802 den Abriss der Befestigungen. Die Mauern und Wälle wurden 1806 bis 1812 abgerissen. Das Gelände wurde teils verkauft mit der Auflage, dass die Gärten der Öffentlichkeit zur Verfügung stehen mussten, teils wurde ein öffentlicher Landschaftsgarten im englischen Stil gestaltet. 1827 wurde die noch heute gültige Wallservitut erlassen, wonach dieser etwa 100 Meter breite Grünstreifen unbebaut bleiben muss. Am Anlagenring entstanden daraufhin prächtige Villen mit großen Gärten.

Weitere Informationen finden Sie im **Stadtporträt Frankfurt am Main**, s. Seite 92.

Schloss Philippsruhe

Tour 14 Länge 52 km

IN DIE WELT DER KELTEN

Eine Streckentour von Maintal-West über Wilhelmsbad nach Ortenberg

Eine landschaftlich reizvolle Entdeckungstour mit Steigungen zu Schlössern, Burgen und einem Keltenmuseum.

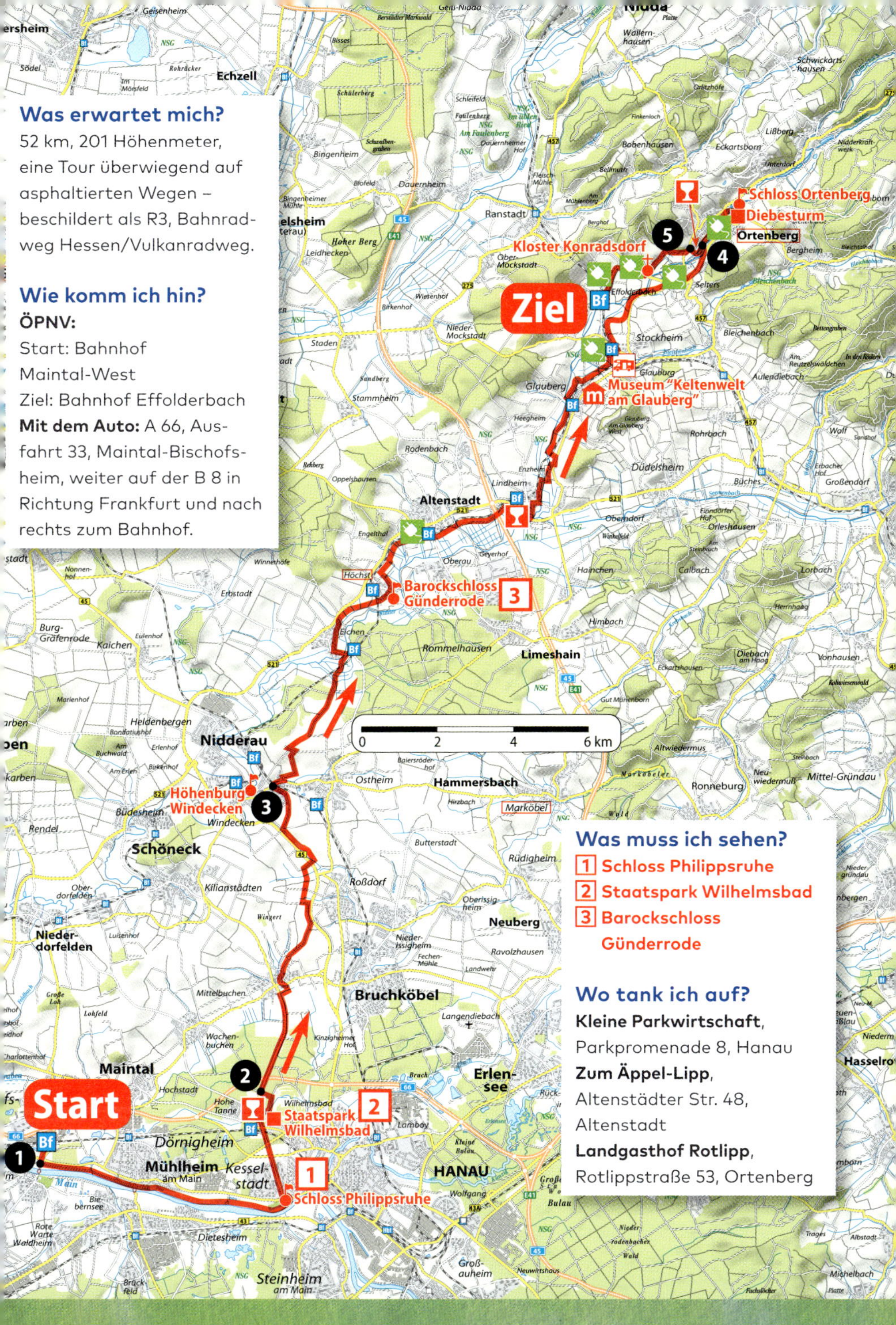

Was erwartet mich?

52 km, 201 Höhenmeter, eine Tour überwiegend auf asphaltierten Wegen – beschildert als R3, Bahnradweg Hessen/Vulkanradweg.

Wie komm ich hin?

ÖPNV:
Start: Bahnhof Maintal-West
Ziel: Bahnhof Effolderbach
Mit dem Auto: A 66, Ausfahrt 33, Maintal-Bischofsheim, weiter auf der B 8 in Richtung Frankfurt und nach rechts zum Bahnhof.

Was muss ich sehen?

1 Schloss Philippsruhe
2 Staatspark Wilhelmsbad
3 Barockschloss Günderrode

Wo tank ich auf?

Kleine Parkwirtschaft, Parkpromenade 8, Hanau
Zum Äppel-Lipp, Altenstädter Str. 48, Altenstadt
Landgasthof Rotlipp, Rotlippstraße 53, Ortenberg

Kartentipp: **ADFC Regionalkarte Vogelsberg/Wetterau**

TOURSTART

Der Bahnhof Maintal-West ist ebenerdig erreichbar.

*Sie starten vom Bahnhof nach Süden zum Mainufer, lenken dort nach links (**Wegepunkt ❶**) und folgen der Beschilderung des hessischen Radfernweges R3 über Dörnigheim nach Kesselstadt, einem Ortsteil von Hanau.*

Direkt am Mainufer kommen Sie zum prunkvollen **1 Schloss Philippsruhe**. Das 1594 von Graf Philipp Ludwig II. von Hanau errichtete Renaissance-Schlösschen wurde im Dreißigjährigen Krieg zerstört. An seiner Stelle wurde ab 1701 ein Barockschloss mit einem dominierenden Mittelbau sowie zweigeschossigen Wohntrakten und eingeschossigen Flügelbauten, die sich um einen Ehrenhof gruppieren, erbaut.

Nach dem Tod des letzten Grafen von Hanau fiel das Schloss 1736 an die Landgrafen und späteren Kurfürsten von Hessen-Kassel. 1830 wurde das Teehaus in der südwestlichen Ecke des Schlossgartens errichtet und die Innenausstattung der Schlossräume klassizistisch umgestaltet. Der einzige aus der klassizistischen Bauphase erhaltene Raum ist der Festsaal mit acht korinthischen Säulen und weißen Stuckaturen in antikisierender Formensprache.

Denkmal der Gebrüder Grimm in Hanau

Da der letzte Kurfürst Friedrich Wilhelm keine legitimen Nachkommen hatte, fiel das Erbe an die Seitenlinie Hessen-Rumpenheim. Zwischen 1875 und 1880 fanden große Um- und Erweiterungsbauten am Mitteltrakt statt, die dem Schloss weitestgehend sein heutiges Aussehen verliehen haben.

Im Schloss mit seinen Stuckdecken und prunkvollen Holzintarsien ist heute das **Historische Museum Hanau** untergebracht. Gezeigt wird u.a. der Aufbruch Hanaus in die Moderne und die Gründung der Hanauer Neustadt 1597. Die Brüder Jacob und Wilhelm Grimm und ihr Malerbruder Ludwig Emil werden seit 2019 im „Familien-Mitmach-Museum GrimmsMärchenReich" vorgestellt. Auch ein Papiertheatermuseum wird bespielt.

Der **Garten** wurde 1696 im Barockstil angelegt und zwischen 1840 und 1880 zu einem englischen Land-

Ruine im Staatspark Wilhelmsbad

schaftsgarten umgestaltet. Heute ist dort auch ein Skulpturenpark mit Arbeiten international renommierter Kunstschaffender angelegt.

Vom Main kommend, lenken Sie hinter dem Schloss in die Philippsruher Allee, der Sie ein kurzes Stück nach links folgen, um dann hinter der Kirche rechts in die Schwanengasse einzubiegen. Nach 2,5 Kilometern erreichen Sie über geradeaus August-Seibel-Str., halbrechts Jakob-Rullmann-Str., links Remisenweg, rechts Kastanienallee, am Kreisel links und rechts Burgallee den **2 Staatspark Wilhelmsbad**.

Als Erstes sehen Sie, umgeben von einem See, die künstliche **Ruine**. Der spätere Landgraf Wilhelm IX. von Hessen-Kassel ließ den Bau ab 1779 errichten, und damit als Vorgängerbau seiner ab 1793 erbauten Löwenburg in Kassel. Beide Bauten gehörten zu den ersten bedeutenden Gebäuden der Neugotik. Im Turm der künstlichen Ruine versteckt sich ein Lustschlösschen mit elegantem Wohnappartement und prachtvollem Kuppelsaal.

Sie radeln um den See und lenken nach rechts in die Parkpromenade.

Die ehemalige **Kuranlage** geht auf eine Gründungssage zurück, wonach zwei Kräuterfrauen 1709 eine heiltätige Quelle im Wald fanden. Zwischen 1777 und 1785 wurde auf Geheiß des in Hanau residierenden Erbprinzen und regierenden Grafen von Hanau, Wilhelm IX./I. von Hessen-Kassel die Bade- und Parkanlage errichtet. Finanziert wurde der Bau Wilhelmsbads durch die Vermietung hessischer und Hanauer Soldaten an den britischen König, den Onkel des Erbprinzen. Allerdings wurde schon bald festgestellt, dass es der hier entdeckten Mineralquelle an Heilkraft mangelte. Als 1815 die Quelle versiegte, holte man Heilwasser aus Bad Nauheim. 1857 wurde schließlich der Kurbetrieb eingestellt. Das Brunnenhäuschen im zeitgenössischen, klassizistischen Stil steht direkt gegenüber dem Kurhaus, in dem heute das Hessische Puppenmuseum untergebracht ist.

Der **Park** ist als englischer Landschaftspark gestaltet. Das 1781 für Wilhelm von Hessen-Kassel errichtete Comoedienhaus ist eines der wenigen historischen Theater in Deutschland, in dem barocke Bühnenmaschinerie und historische Bühnenbilder erhalten sind.

*Hinter der Kuranlage biegen Sie nach rechts in die Kesselstädter Straße (**Wegepunkt ❷**) und radeln nun auf dem ausgeschilderten Bahnradweg Hessen gut 2 Kilometer durch ein Waldstück nach Mittelbuchen und weiter parallel zur B 45 nach Windecken, das Sie am östlichen Ortsrand umfahren.*

*An der Ostheimer Straße (**Wegepunkt ❸**) können Sie nach links einen Abstecher zur Burg Windecken unternehmen, ansonsten lenken Sie nach rechts.*

Die Reste der mittelalterlichen **Höhenburg Windecken** stehen oberhalb der Altstadt auf einem Geländesporn. Die Burg wurde im Dreißigjährigen Krieg schwer beschädigt und diente anschließend als Steinbruch. Hier wurde im 18. Jahrhundert unter Verwendung der alten Bausubstanz ein Amtsgericht errichtet. Zu sehen sind noch zwei Torbauten aus dem 16. Jahrhundert, Amtshaus und Schlosskellerei aus dem 18. Jahrhundert sowie Teile der Ringmauer. Weil die Anlage privat bewohnt ist, ist sie nur von außen zu besichtigen.

Schloss Günderrode

Von der Ostheimer Straße biegen Sie nach 300 Metern links in die Mühlbergstraße und folgen der Beschilderung der Bahnradweges Hessen über Eichen nach Höchst an der Nidder.

Dort passieren Sie das 3 **Barockschloss Günderrode**, das aus einem zweigeschossigen Herrenhaus mit abgewalmtem Mansarddach und zwei sich jeweils nördlich und südlich daran anschließenden Gebäudeflügeln besteht. Das Schloss hatte mehrere Vorgängerbauten. König Ruprecht ließ eine Burg im Jahr 1405 zerstören, nachdem sich ihre Besitzer, die Herren von Büches, als Raubritter betätigt hatten. Das heutige Schloss wurde von 1718 bis 1720 erbaut. Es ist von einem Schlosspark im Stil eines englischen Landschaftsgartens umgeben.

Sie radeln weiter auf dem Bahnradweg Hessen, der schon bald auch als Vulkan-Radweg beschildert ist, über Altenstadt, Lindheim, Enzheim nach Glauberg.

Abseits der Route am südwestlichen Fuße des Glaubergs zeigt das archäologische **Museum „Keltenwelt am Glauberg"** Funde reich ausgestatteter „Fürstengräber" dreier keltischer Krieger aus dem späten 5. Jahrhundert v. Chr. und vor allem die bis auf die Füße vollständig erhaltene Statue eines Kriegers, des Keltenfürsten vom Glauberg. Der Glauberg war von der Jungsteinzeit bis ins Hochmittelalter besiedelt. In vorrömischer Zeit gab es hier eine befestigte keltische Höhensiedlung.

Bild unten:
Museum „Keltenwelt am Glauberg"

Die Schilder des Bahnradweg Hessen / Vulkan-Radweg führen Sie weiter über Stockheim und Selters nach Ortenberg.

Dieses Selters ist nicht der Ort des Selterswassers, sondern ein Stadtteil von Ortenberg. Das bekannte Mineralwasser kommt aus Selters im Taunus.

Im Nordosten von Ortenberg sehen Sie **Schloss Ortenberg**. Graf Ludwig Georg von Stolberg ließ am Ende des 16. Jahrhunderts die mittelalterliche Burg zum Renaissanceschloss umbauen. Das Schloss befindet sich noch heute im Besitz der Familie Stolberg und ist nur in Teilen zugänglich.

Mitte des 13. Jahrhunderts erhielt Ortenberg Markt- und Stadtrechte. Von der Stadtmauer blieben der **Oberpfortenturm** aus der zweiten Hälfte des 13. Jahrhunderts und der **Diebesturm**, der früher als Gefängnis diente, erhalten.

In der gotischen **Marienkirche** steht eine Kopie des „Ortenberger Altars" aus dem ersten Drittel des 15. Jahrhunderts. Er ist ein bedeutendes Werk mittelrheinischer Malkunst. Das Original befindet sich im Hessischen Landesmuseum Darmstadt.

*Sie radeln anschließend auf dem Vulkan-Radweg zurück. Am südlichen Ortsrand von Ortenberg führt der ausgeschilderte Radweg über die Nidder zur B 275. Hier folgen Sie aber weiter der Nidder (**Wegepunkt ❹**), gelangen an einen See, den Sie in einem Rechtsbogen umfahren und stoßen an die Kreisstraße 218 (**Wegepunkt ❺**), in die Sie nach links einbiegen. Nach 200 Metern lenken Sie nach rechts und radeln in einem Linksbogen durch ein Naturschutzgebiet.*

Charakteristisch für das **Naturschutzgebiet „Salzwiesen und Weinberg von Selters"** ist das Vorkommen der Salzwiesen durch den Aufstieg salzhaltigen Grundwassers. Dort finden sich Halophyten, auch Salzpflanzen genannt, die an hohe Salzkonzentrationen in ihrer Umgebung angepasst sind.

Sie passieren das **Kloster Konradsdorf,** ein ehemaliges Chorfrauenstift der Prämonstratenserinnen. Es

Reisemobilstellplätze an oder nahe der Route

Wohnmobilstellplatz an der Kulturhalle, Bahnhofstraße 51, Glauburg

E-Bike Ladestationen an oder nahe der Route

E-Bike Ladestation an der Ladestraße, am Bahnhof in Altenstadt

E-Bike Ladestation gegenüber der Tankstelle „ROTH Energie", Klosterstraße 2-4, Ortenberg-Selters

E-Bike Ladestation, Hauptstraße 8, Ortenberg-Selters

E-Bike Ladestation vor der Eisdiele Cortina, In den St. Wendelsgärten 9, Ortenberg

E-Bike Ladestation am Kloster Konradsdorf, Ortenberg-Selters

E-Bike Akku-Ladeschließfächer an der Carsharing-Station „Dorfbeweger", Ringstraße am Effolderbacher Friedhof

Kloster Konradsdorf

Bild links:
Ortenberg

wurde Ende des 12. Jahrhunderts an der Stelle einer Burg und einer Kirche als Frauenkloster errichtet. Es diente zur Versorgung unverheirateter Töchter des niederen Adels. Die Klosterkirche ist eine schlichte, dreischiffige romanische Pfeilerbasilika ohne Turm oder Dachreiter mit einer halbkreisförmigen Apsis. Daneben ist ein zweigeschossiges romanisches Wohngebäude aus dem 13. Jahrhundert mit reicher Bauzier erhalten, das lange Zeit „Nonnenhaus" genannt wurde. Es war die Propstei des Klosters. Im Zuge der Reformation wurde das 1581 Kloster säkularisiert und im Dreißigjährigen Krieg wurde die Anlage weitgehend zerstört. Die Kirche diente von 1781 bis etwa 1910 als Viehstall. Erst dann begann man mit Denkmalpflege. Beide Gebäude sind ruinös, zählen aber zu den bedeutendsten Bauensembles des 12/13. Jahrhunderts im Rhein-Main-Gebiet.

Die Tour führt nach rechts auf dem Radweg neben der B 275 weiter. Nach 300 Metern biegen Sie links in die Konradsdorfer Straße und radeln durch Effolderbach zum dortigen Bahnhof.

Der Bahnhof Effolderbach besitzt nur ein Gleis und ist stufenlos erreichbar.

Kurpark Bad Nauheim

Tour 15

Länge 52 km

VOM HEILBAD IN DIE REICHSSTADT

Eine Rundtour von Bad Nauheim über Münzenberg und Friedberg

Eine Entdeckungstour mit Steigungen zu Burgen und historischen Ortskernen.

Was erwartet mich?

52 km, 229 Höhenmeter, eine Tour überwiegend auf geschotterten und asphaltierten Wegen – teilweise beschildert als Kelten-Radweg und Hessischer Radweg R6.

Wie komm ich hin?

ÖPNV: Bahnhof Bad Nauheim
Mit dem Auto: A 5, Ausfahrt 14 Ober-Mörlen, über die B 275 nach Nieder-Mörlen in die Weingartenstraße und weiter bis zum Bahnhof.

Was muss ich sehen?

1 Kurzentrum Bad Nauheim
2 Burg Rockenberg
3 Burg Friedberg

Wo tank ich auf?

Gasthaus Zur Wetterau, Hauptstraße 36, Rockenberg
Gasthaus Zum Löwen, Burgweg 16, Münzenberg
Brunnenwärterhaus, Am Sauerbrunnen 5, Bad Nauheim

Kartentipp: **ADFC Regionalkarte Lahntal**

TOURSTART

Der Bahnhof in Bad Nauheim verfügt über Aufzüge. Sie starten geradeaus durch die Bahnhofsallee direkt auf das Kurzentrum zu.

Ab Mitte des 19. Jahrhunderts entwickelte sich Bad Nauheim zu einem bedeutenden **Heilbad** für Herz-Kreislauf-Erkrankungen. Um 1900 hatte Bad Nauheim sogar Weltrang mit Tausenden von Gästen. Zu den berühmtesten zählten Otto von Bismarck, Kaiser Franz Joseph I. und Kaiserin Elisabeth von Österreich und das deutsche Kaiserpaar Wilhelm I. und Augusta, Zar Nikolaus II. und Zarin Alexandra Feodorowna. Um das 1 **Stadtzentrum** mit den **Kuranlagen** entstanden Villenviertel und zahlreiche luxuriöse Hotelneubauten. In den 1960er Jahren wurden durch die neu geschaffenen Sozialsysteme in großem Umfang Kuraufenthalte auch für nicht vermögende Bevölkerungsschichten ermöglicht. Die Zahl der Kurgäste stieg enorm und mehrere große Kliniken der Sozialversicherungsanstalten wurden gebaut. Infolge der Sparmaßnahmen im Gesundheitswesen verlor auch der Kurbetrieb seit Mitte der 1980er Jahre allerdings mehr und mehr an Bedeutung.

Der Sprudelhof, die Trinkkuranlage und weitere Gebäude bilden ein bedeutendes Ensemble des Jugendstils und der Kurarchitektur Mitteleuropas.

*An der T-Kreuzung vor dem Kurzentrum lenken Sie nach links in die Ludwigstraße, die in die Parkstraße übergeht, dann hinter dem Park rechts in die Terrassenstraße (**Wegepunkt** ❶). Sie fahren geradeaus am Golf-Club vorbei, halten sich dahinter rechts und erreichen Nieder-Mörlen. Von der Frauenwaldstraße biegen Sie links ab (**Wegepunkt** ❷) und folgen jetzt der Beschilderung des Kelten-Radweges nach Ober-Mörlen.*

Das ehemalige **Schloss** wurde 1589 erbaut. Seit 1920 wird das Schloss als Rathaus genutzt. Im Schloss ist noch der historische Rittersaal erhalten. Der einstige Lustgarten wurde zu einer Parkanlage ausgebaut.

*Am westlichen Ortsrand treffen Sie hinter der Tennisanlage (**Wegepunkt** ❸) auf den ausgeschilderten R6 und fahren geradeaus weiter nach Fauerbach vor der Höhe.*

Sie streifen das Naturschutzgebiet (NSG) „**Magertriften von Ober-Mörlen und Ostheim**" mit einer vielfäl-

tigen Landschaft aus Streuobstwiesen, Magerrasenflächen, Heckenbeständen und Kleinwaldungen. Hier leben viele stark gefährdete Tierarten wie der Gartenrotschwanz.

Die evangelische Kirche in Fauerbach ist eine barocke **Saalkirche** mit Haubendachreiter und dreiseitigem Ostabschluss, die 1740/41 errichtet wurde. Die Kirchengemeinde war mit Einführung der Reformation evangelisch geworden.

Unsere Tour führt weiter auf dem R6 von Fauerbach nach Ostheim.

In der Ortsmitte von Ostheim steht ein reich verzierter Fachwerkbau aus dem Jahr 1697, das **ehemalige Rathaus**. Die barocke evangelische Martinskirche wurde 1749/50 errichtet. Ihr Turm stammt aus dem 14. Jahrhundert.

Sie radeln auf dem R6 weiter nach Nieder-Weisel.

Der alte **Ortskern** von Nieder-Weisel steht insgesamt unter Denkmalschutz. Vermutlich aus der ersten Hälfte des 12. Jahrhunderts stammt der Turm der Wehrkirche. Der Turmhelm wurde um 1655 aufgesetzt. Das Kirchenschiff wurde zwischen 1545 und 1613 unter Verwendung früherer, romanischer Bausubstanz errichtet. Die Innenausstattung stammt vermutlich aus der ersten Hälfte des 17. Jahrhunderts.

Die Komturkirche des Johanniterordens, eine romanische zweigeschossige Kirche mit einer östlichen vorgebauten halbrunden Apsis und zwei Apsiden in den Seitenschiffen dürfte ab Mitte des 12. Jahrhunderts oder erst im 13. Jahrhundert entstanden sein.

Das alte Rathaus stammt aus dem Jahr 1555 und das Herrenhaus der Johanniter wurde 1780 errichtet. Auch finden sich im Ortskern noch heute gut erhaltene Fachwerkbauernhöfe aus dem 17. bis 20. Jahrhundert.

Gegen Kriegsende wurde von der US-Armee ein großer Soldatenfriedhof für 519 Tote angelegt, 420 deutsche und 99 sowjetische und polnische. Die Deutschen waren im März 1945 in Hessen und im April in Westthüringen gefallen.

Von Nieder-Weisel geht es auf dem R6 weiter nach Rockenberg.

Kuranlage Sprudelhof in Bad Nauheim

Evangelische Kirche in Nieder-Weisel

Die katholische **Kirche St. Gallus** in Rockenberg beeindruckt mit ihrem achteckigen gotischen Kirchturm mit quadratischem Erdgeschoss. Den schiefergedeckten achtseitigen spitzen Helm flankieren Wichhäuschen an vier Seiten. Als Wichhäuschen werden Ausbauten von Dachschrägen bezeichnet, die Platz für einen Wachtposten boten. Sie wurden im Mittelalter auf Mauern und Türmen von Stadtbefestigungen sowie auf Kirchtürmen und Türmen von Burgen und Schlössern errichtet. Das Langhaus der Kirche wurde 1752–54 erbaut. 1967/68 wurde die Kirche umgebaut und durch ein Seitenschiff an der Nordseite erweitert. Der barocke Hochaltar aus der zweiten Hälfte des 18. Jahrhunderts wurde mit einem modernen Kreuzigungsgemälde ausgestattet.

Die 2 **Burg Rockenberg** wurde wahrscheinlich zu Beginn des 14. Jahrhunderts von Ritter Johannes von Bellersheim erbaut, der sich zunehmend von Rockenberg nannte. Zu Beginn des 15. Jahrhunderts wurde die Burg erweitert. Im 17. Jahrhundert wurde sie als Wohnsitz aufgegeben und diente danach als Stall- und Lagerfläche. Im 19. Jahrhundert wurde in der Burg eine Branntweinbrennerei betrieben. Später wurde sie zum Hofgut und nach dem Ersten Weltkrieg kurzzeitig als Pferdelazarett genutzt. Im Zweiten Weltkrieg diente sie militärischen Zwecken und anschließend als Flüchtlingswohnheim. Heute wird sie unter anderem als Sitzungssaal des Stadtrats und als Hochzeitshaus genutzt.

Im Nordwesten des Ortes, etwas abseits der Route liegt das ehemalige **Zisterzienserinnenkloster Marienschloss**. 1338 stifteten Ritter Johann von Bellersheim, genannt von Rockenberg, und seine Frau Gertrud das letzte Kloster. Als 1535 in Rockenberg die Reformation eingeführt wurde, blieben die Nonnen katholisch. Als Patronin präsentierte die Äbtissin in der Rockenberger Pfarrkirche tolerante evangelische Pfarrer. Im Zuge der Gegenreformation wurde Rockenberg 1603 rekatholisiert. Eine Blütezeit erlebte das Kloster im 18. Jahrhundert als die im Dreißigjährigen Krieg teilweise zerstörten Gebäude durch barocke Neubauten ersetzt oder grundlegend erneuert wurden. 1809 wurde das Kloster aufgelöst und seit 1811 als Gefängnis genutzt. Noch heute dient es als Justizvollzugsanstalt.

*Mit dem R 6 erreichen Sie nach links (**Wegepunkt** 4) Münzenberg.*

Burg Münzenberg

Schon von weitem sind die beiden Bergfriede der **Burg Münzenberg** zu sehen. Die Burg wurde ab der zweiten Hälfte des 12. Jahrhunderts erbaut und im Dreißigjährigen Krieg weitgehend zerstört. Erst 1846 begann man mit der Restaurierung einzelner Burgteile. Zum Bau der Burganlage wurde vorwiegend roter und gelber Sandstein aus Steinbrüchen bei Rockenberg verwendet.

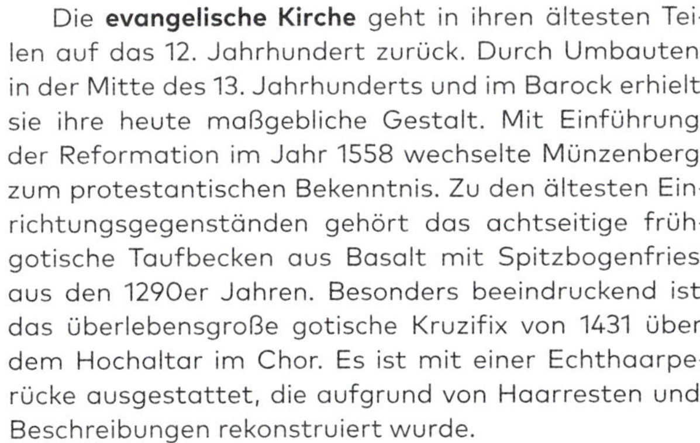

Die **evangelische Kirche** geht in ihren ältesten Teilen auf das 12. Jahrhundert zurück. Durch Umbauten in der Mitte des 13. Jahrhunderts und im Barock erhielt sie ihre heute maßgebliche Gestalt. Mit Einführung der Reformation im Jahr 1558 wechselte Münzenberg zum protestantischen Bekenntnis. Zu den ältesten Einrichtungsgegenständen gehört das achtseitige frühgotische Taufbecken aus Basalt mit Spitzbogenfries aus den 1290er Jahren. Besonders beeindruckend ist das überlebensgroße gotische Kruzifix von 1431 über dem Hochaltar im Chor. Es ist mit einer Echthaarperücke ausgestattet, die aufgrund von Haarresten und Beschreibungen rekonstruiert wurde.

Die katholische **Kapelle St. Nikolaus** wurde 1284 errichtet und mit der Reformation aufgegeben. Im 19. Jahrhundert wurde sie profaniert und diente als Schule, später als Scheune. Als nach dem Zweiten Weltkrieg zahlreiche katholische Flüchtlinge nach Münzenberg kamen, wurde die Kapelle in den 1960er Jahren renoviert.

*Zurück auf dem Ferngartenweg (**Wegepunkt ❹**) verlassen Sie den R 6 und radeln auf dem Radweg „Rhein-Main-Vergnügen (Rundtour 2)" Richtung Süden nach Wölfersheim.*

Die 1717 bis 1740 erbaute evangelisch-reformierte Kirche in Wölfersheim zählt zu den größten barocken **Saalkirchen** Deutschlands. Der untere Teil des heutigen Kirchturms war früher ein Wehrturm der mittelalterlichen Ortsbefestigung. Wahrzeichen der Stadt ist der Weiße Turm. Mit einer Höhe von 27 Metern war er das

Reisemobilstellplätze an oder nahe der Route

Wohnmobilstellplatz am Usa-Wellenbad, In der Au 2, Bad Nauheim
Wohnmobilstellplatz am Sportplatz, Butzbacher Straße, Münzenberg
Wohnmobilstellplatz an der Sporthalle, Am Viehtrieb, Münzenberg

E-Bike Ladestationen an oder nahe der Route

E-Bike Ladestation Rote Pumpe, Nieder-Mörler Straße 6, Bad Nauheim

Judengasse in Friedberg

größte Bauwerk der im Jahre 1408 vollendeten Befestigungsanlage. Auch der viereckige Schwarze Turm mit seinem barocken Turmhelm war Teil der Stadtmauer.

Unsere Tour führt nach rechts über die Hauptstraße weiter in den Ortsteil Södel.

Die **Burg Södel** ist der Rest einer Höhenburg. Die Burg wurde im 16. und 17. Jahrhundert zum Schloss umgebaut, die Wehrmauern und Gräben geschleift bzw. zugeschüttet. Das Herrenhaus ist ein langgestreckter dreigeschossiger Rechteckbau mit Fachwerkobergeschoss und rundem Treppenturm, dessen repräsentative und Eingangsseite dem Ortsteil Södel zugewandt ist. Das Schloss ist seit Jahren ungenutzt und mittlerweile einsturzgefährdet.

Über die links Melbacher Straße und links Beuneweg erreichen Sie wieder den beschilderten Radweg „Rhein-Main-Vergnügen (Rundtour 2)" und fahren über Melbach, Beienheim, Bauernheim, Ossenheim und Fauerbach nach Friedberg.

Die ehemalige Freie Reichsstadt und Messestadt gehörte im Mittelalter zu den wichtigsten Städten im heutigen Hessen. Die **3 Burg Friedberg** gehört zu den größten Burganlagen Deutschlands. Sie wurde vermutlich im Auftrag des Kaisers Friedrich Barbarossa zwischen 1171 und 1180 gegründet. Die Burg war stark befestigt und besaß zwei Hauptzugänge. Von den ursprünglich sechs Torbauten des nördlichen Zugangs sind noch drei erhalten. Der südliche Zugang von der Stadt Friedberg war durch den tiefen Burggraben und eine Zugbrücke gesichert. Ab dem 17. Jahrhundert wurde die Burg mehr und mehr zum Herrensitz umgewandelt. Erst 1806 verlor die Burg ihre Reichsunmittelbarkeit und kam zum Großherzogtum Hessen. Heute beherbergt die Burg Teile des Finanzamtes, das Burggymnasium und eine Kirche.

Die evangelische Stadtkirche Unserer Lieben Frau wurde zwischen 1260 und 1410 als gotische Hallenkirche erbaut.

In der Judengasse 20 ist das **Friedberger Judenbad**, die größte vollständig erhaltene mittelalterliche Mikwe in Europa, zu besichtigen. Seit 1241 ist eine jüdische Gemeinde in Friedberg urkundlich nachgewiesen und

Burg Friedberg

der Baubeginn der Mikwe wird auf spätestens 1260 datiert. Die aufwändig in Formen der Gotik gestaltete Mikwe ist auch unter architektonischen Aspekten bedeutsam. Um zu dem für Ritualbäder notwendigen „natürlichen" Wasser zu gelangen, wurde ein 25 Meter tiefer Schacht vertikal durch den Basaltfelsen getrieben und dann mit einem quadratischen Querschnitt von ca. 5,50 m × 5,50 m ausgemauert. Das sich stetig selbst erneuernde Wasser steht bis zu 5 Meter tief.

In der Kaiserstraße stehen noch zahlreiche Fachwerkbauten des 15. bis 18. Jahrhunderts, die jedoch vielfach mit Schiefer verkleidet oder verputzt wurden.

*Auf dem Radweg „Rhein-Main-Vergnügen (Rundtour 2)" bzw. Usatalradweg radeln Sie weiter nach Bad Nauheim. An der T-Kreuzung am Kurpark lenken Sie nach rechts in die Ludwigstraße (**Wegepunkt** ❺) und später nach rechts in die Bahnhofsallee zum Bahnhof, Ihrem Ausgangspunkt.*

Weinberge in Bad Nauheim

Tour 16 Länge 56 km

WO DIE RÖMER KURTEN

Eine Rundtour von Bad Nauheim über Friedberg, Niddatal und Reichelsheim

Eine Entdeckungstour mit Steigungen zwischen dem Heilbad und dem römischen Limes.

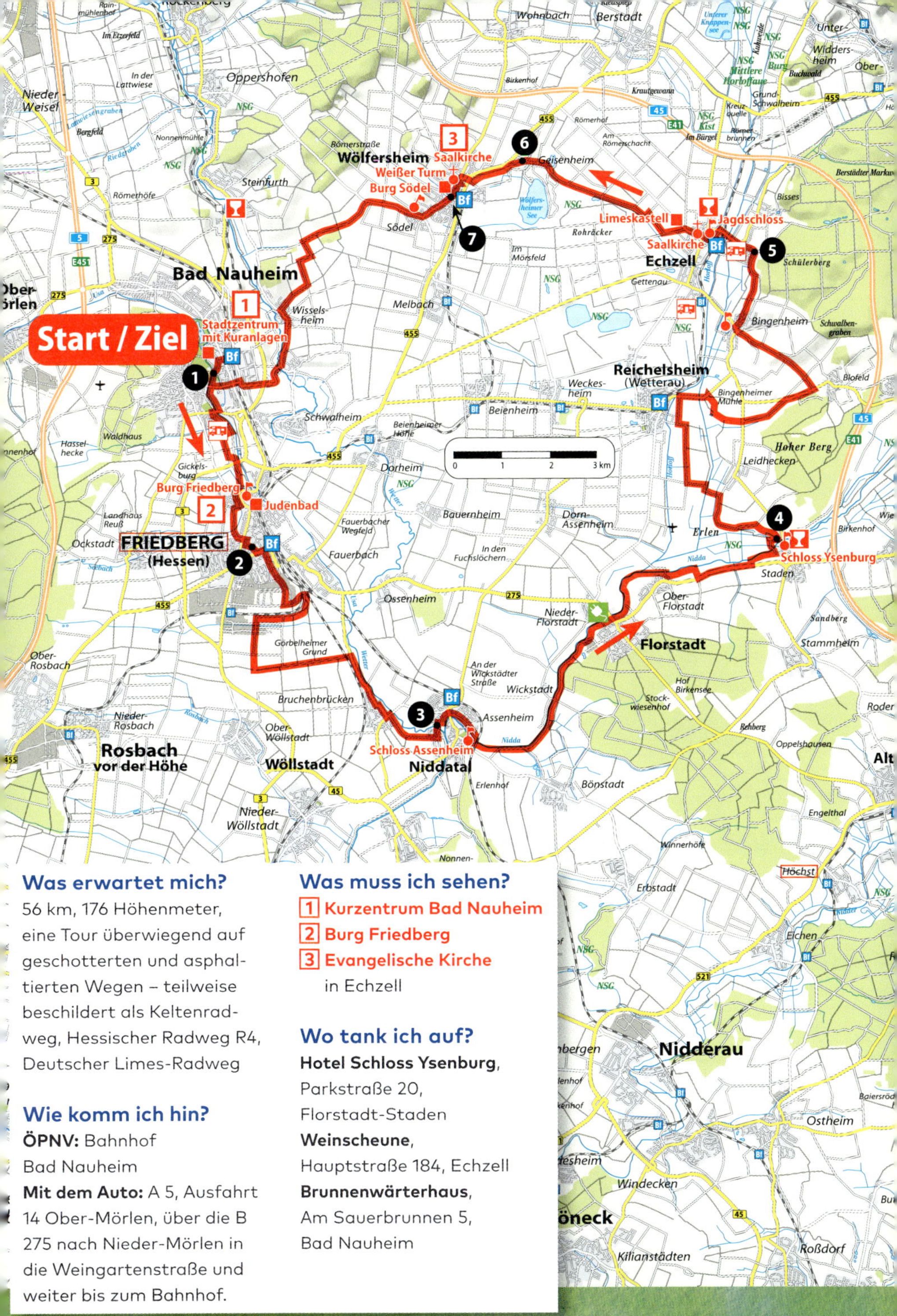

Was erwartet mich?

56 km, 176 Höhenmeter, eine Tour überwiegend auf geschotterten und asphaltierten Wegen – teilweise beschildert als Keltenradweg, Hessischer Radweg R4, Deutscher Limes-Radweg

Wie komm ich hin?

ÖPNV: Bahnhof Bad Nauheim
Mit dem Auto: A 5, Ausfahrt 14 Ober-Mörlen, über die B 275 nach Nieder-Mörlen in die Weingartenstraße und weiter bis zum Bahnhof.

Was muss ich sehen?

1 Kurzentrum Bad Nauheim
2 Burg Friedberg
3 Evangelische Kirche in Echzell

Wo tank ich auf?

Hotel Schloss Ysenburg, Parkstraße 20, Florstadt-Staden
Weinscheune, Hauptstraße 184, Echzell
Brunnenwärterhaus, Am Sauerbrunnen 5, Bad Nauheim

Kartentipp: **ADFC Regionalkarte Lahntal**

TOURSTART

Der Bahnhof in Bad Nauheim verfügt über Aufzüge.

Sie starten geradeaus durch die Bahnhofsallee direkt auf das Kurzentrum zu.

Ab Mitte des 19. Jahrhunderts entwickelte sich Bad Nauheim zu einem bedeutenden **Heilbad** für Herz-Kreislauf-Erkrankungen. Um 1900 hatte Bad Nauheim sogar Weltrang mit Tausenden von Gästen. Zu den berühmtesten zählten Otto von Bismarck, Kaiser Franz Joseph I. und Kaiserin Elisabeth von Österreich und das deutsche Kaiserpaar Wilhelm I. und Augusta, Zar Nikolaus II. und Zarin Alexandra Feodorowna. Um das **1 Stadtzentrum** mit den **Kuranlagen** entstanden Villenviertel und zahlreiche luxuriöse Hotelneubauten. In den 1960er Jahren wurden durch die neu geschaffenen Sozialsysteme in großem Umfang Kuraufenthalte auch für nicht vermögende Bevölkerungsschichten ermöglicht. Die Zahl der Kurgäste stieg enorm und mehrere große Kliniken der Sozialversicherungsanstalten wurden gebaut. Infolge der Sparmaßnahmen im Gesundheitswesen verlor auch der Kurbetrieb seit Mitte der 1980er Jahre allerdings mehr und mehr an Bedeutung.

Der Sprudelhof, die Trinkkuranlage und weitere Gebäude bilden ein bedeutendes Ensemble der des Jugendstils und der Kurarchitektur Mitteleuropas.

Adolfsturm in Friedberg

*An der T-Kreuzung vor dem Kurzentrum fahren Sie links in die Ludwigstraße und am Kurpark erneut links in die Zanderstraße (**Wegepunkt** ❶). Ab hier folgen Sie der Beschilderung des Keltenradweges bzw. Radweges „Rhein-Main-Vergnügen (Rundtour 2)“ nach Friedberg.*

Kuranlage Sprudelhof in Bad Nauheim

Die ehemalige Freie Reichsstadt und Messestadt Friedberg gehörte im Mittelalter zu den wichtigsten Städten im heutigen Hessen. Die 2 **Burg Friedberg** gehört zu den größten Burganlagen Deutschlands. Sie wurde vermutlich im Auftrag des Kaisers Friedrich Barbarossa zwischen 1171 und 1180 gegründet. Die Burg war stark befestigt und besaß zwei Hauptzugänge. Von den ursprünglich sechs Torbauten des nördlichen Zugangs sind noch drei erhalten. Der südliche Zugang von der Stadt Friedberg war durch den tiefen Burggraben und eine Zugbrücke gesichert. Ab dem 17. Jahrhundert wurde die Burg mehr und mehr zum Herrensitz umgewandelt. Erst 1806 verlor die Burg ihre Reichsunmittelbarkeit und kam zum Großherzogtum Hessen. Heute beherbergt die Burg Teile des Finanzamtes, das Burggymnasium und eine Kirche.

Die evangelische **Stadtkirche Unserer Lieben Frau** wurde zwischen 1260 und 1410 als gotische Hallenkirche erbaut.

In der Judengasse 20 ist das **Friedberger Judenbad**, die größte vollständig erhaltene mittelalterliche Mikwe in Europa, zu besichtigen. Seit 1241 ist eine jüdische Gemeinde in Friedberg urkundlich nachgewiesen und der Baubeginn der Mikwe wird auf spätestens 1260 datiert. Die aufwändig in Formen der Gotik gestaltete Mikwe ist auch unter architektonischen Aspekten bedeutsam. Um zu dem für Ritualbäder notwendigen „natürlichen" Wasser zu gelangen, wurde ein 25 Meter tiefer Schacht vertikal durch den Basaltfelsen getrieben und dann mit einem quadratischen Querschnitt von ca. 5,50 m × 5,50 m ausgemauert. Das sich stetig selbst erneuernde Wasser steht bis zu 5 Meter tief.

In der Kaiserstraße stehen noch zahlreiche Fachwerkbauten des 15. bis 18. Jahrhunderts, die jedoch vielfach mit Schiefer verkleidet oder verputzt wurden.

*In Friedberg überqueren Sie die Mainzer-Tor-Anlage (**Wegepunkt ❷**), ein Grüngürtel der ehemaligen Stadtbefestigung und lenken links in die Saarstraße. An der nächsten Kreuzung verlassen Sie den Radweg „Rhein-Main-Vergnügen (Rundtour 2)", der geradeaus zum Bahnhof führt, und biegen stattdessen rechts in die Wilhelm-Leuschner-Straße und folgen weiter der Beschilderung des Kelten-Radwegs über Bruchenbrücken nach Assenheim/Niddatal. Dort stoßen Sie an der Nidda (**Wegepunkt ❸**) auf den Hessischen Radfernweg R 4, mit dem Sie in einem Rechtsbogen den Ortsteil Assenheim entlang des Flusses umfahren. Der Radweg ist auch als Weser-Neckar-Radweg ausgeschildert.*

Sie passieren **Schloss Assenheim**, das im 18. und 19. Jahrhundert erbaut wurde und auf eine mittelalterliche Burg der Herren von Münzenberg zurückgeht. Die mittelalterlichen Gebäude, Turm und Ringmauer, wurden bis auf wenige Reste 1750 und 1779 abgebrochen. Das Schloss wird heute noch von der gräflichen Familie zu Solms-Rödelheim bewohnt und ist nicht zu besichtigen.

Sie radeln weiter auf dem Radweg über Florstadt nach Staden.

Hinter Florstadt passieren Sie das **Naturschutzgebiet „Am Mähried"** bei Staden. Dieses ist geprägt von artenreichen Mähwiesen, Weiden, Feuchtwiesen, Röhrichten und Seggenriedern. Eingebettet liegen kleinere Gewässer. Die weiträumige offene Wiesenlandschaft kann jedoch nur erhalten werden, wenn eine regelmäßige landwirtschaftliche Nutzung stattfindet. Dabei bleiben bodenbrütende Vögel in der Brutzeit ungestört.

Staden, heute ein Stadtteil von Florstadt, wird wegen seiner vielen Brücken über den Mühlbach und die Nidda gerne auch als „Klein Venedig" bezeichnet. Die Seufzerbrücke wurde 1684 auf Holzpfählen über dem Mühlbach errichtet. Über diese Brücke wurden Verurteilte zum Hinrichtungsplatz geführt.

Unsere Tour streift Staden nur am nordwestlichen Ortsrand.

In der Nähe steht das **Löw'sche Schloss**, das 1746 errichtet wurde. Das Schloss dient heute als Bürgerhaus des Ortes Staden. Der ehemalige Herrengarten des Schlosses existiert heute noch zum Teil. Hier befindet sich der Sauerborn, ein Brunnen mit extrem saurem, aber trinkbarem Quellwasser. Unweit davon stehen auf einer Flussinsel zwischen der Nidda und dem Mühlbach die Reste der mittelalterlichen **Wasserburg Staden** mit dem erhaltenen Torturm und dem Schloss Ysenburg. Das Schloss besteht aus einem dreigeschossigen Steingebäude mit Staffelgiebeln oder Treppengiebeln mit kleinen Stufen. Das zweite Obergeschoss ist in verputztem Fachwerk ausgeführt. An der Hofseite befinden sich ein runder Treppenturm und ein Portal mit der Datierung 1574. An der Südseite ist dem Gebäude ein zweigeschossiger Vorbau als Eingangsbereich vorgelagert, den man über einen kleinen Steg erreicht. Heute wird das Schloss als Hotel und Café genutzt.

Torturm der Burg Staden

*Im Nord-Osten von Staden verlassen Sie den Radweg R 4 und folgen nun den Schildern nach links (**Wegepunkt ❹**) auf dem Deutschen Limes-Radweg über Reichelsheim nach Bingenheim.*

Unweit des Burggeländes in Staden verlief der **Obergermanisch-Raetische Limes**, der über 818 km von Bad Hönningen am Rhein nach Regensburg an der Donau verlief und das Römische Reich vor Germaneneinfällen schützen sollte.

Evangelische Kirche
in Echzell

In Bingenheim steht ein **Schloss** aus dem 17. Jahrhundert, in dem heute eine Einrichtung mit Schule für Behinderte sowie ein Bürgerzentrum untergebracht ist.

*Sie fahren über den Echzeller Weg und links Bisseser Straße (**Wegepunkt** ❺) in den Ort Echzell – den Deutschen Limes-Radweg verlassen wir hier. 100 Meter hinter den Bahngleisen biegen Sie links in die Gänswirthsgasse und anschließend rechts in die Bahnhofstraße.*

Sie passieren das 1742 errichtete landgräfliche Jagdschloss, überqueren die Hauptstraße und erreichen die Kirche.

Die 3 **evangelische Kirche** in Echzell ist eine **Saalkirche**, die auf römischen Fundamenten erbaut wurde. Das Frigidarium der römischen Thermen wurde in karolingischer Zeit durch Anbau einer rechteckigen Apsis an der östlichen Langseite zu einer Kirche umgestaltet. In frühromanischer Zeit wurde ein Kirchturm angebaut, der später wieder abgebrochen wurde. Der im 12. Jahrhundert gebaute Chor wurde 1724 durch einen barocken Neubau ersetzt. Die älteste ihrer vier Glocken wurde 1460 gegossen.

In der Römerzeit gab es am heutigen nordwestlichen Ortsrand von Echzell ein gewaltiges **Limeskastell**, von dem heute an der Oberfläche aber nichts mehr zu sehen ist. Es war der größte römische Wehrbau am Taunus- und Wetteraulimes und eines der größten Kastelle an der gesamten obergermanischen Grenze. Die Reste des Kastellbades unter der evangelischen Kirche wurden 1960 entdeckt. Die Thermen waren etwa 50 m lang und gehörten zu den größten am Limes. Noch heute stehen die Mauern der Kirche auf römischen Fundamenten, doch war das Kastellbad wesentlich größer sie. Vor der Kirche sind die beiden Schwitzbäder im Pflaster markiert.

Sie lenken nach links in die Lindenstraße und am Ortsende vor den letzten Häusern links in den Biedrichsweg. Den nächsten Weg rechts-links-rechts, geradeaus bis Geisenheim und zwischen (stillgelegter) Bahnlinie und

*Bundesstraße links (**Wegepunkt ❻**) nach Wölfersheim. Am Ende der Haagstraße überqueren Sie nach rechts die Bundesstraße und erreichen nach links die Innenstadt.*

Die 1717 bis 1740 erbaute **evangelisch-reformierte Kirche** in Wölfersheim zählt zu den größten barocken Saalkirchen Deutschlands. Der untere Teil des heutigen Kirchturms war früher ein Wehrturm der mittelalterlichen Ortsbefestigung.

Wahrzeichen der Stadt ist der **Weiße Turm**. Mit einer Höhe von 27 Metern war er das größte Bauwerk der im Jahre 1408 vollendeten Befestigungsanlage. Auch der viereckige Schwarze Turm mit seinem barocken Turmhelm war Teil der Stadtmauer.

*An der Kreuzung vor dem Rathaus fahren Sie rechts (**Wegepunkt ❼**) über die Hauptstraße in den Ortsteil Södel.*

Die **Burg Södel** ist der Rest einer Höhenburg. Die Burg wurde im 16. und 17. Jahrhundert zum Schloss umgebaut, die Wehrmauern und Gräben geschleift bzw. zugeschüttet. Das Herrenhaus ist ein langgestreckter dreigeschossiger Rechteckbau mit Fachwerkobergeschoss und rundem Treppenturm, dessen repräsentative und Eingangsseite dem Ortsteil Södel zugewandt ist. Das Schloss ist seit Jahren ungenutzt und mittlerweile einsturzgefährdet.

In die Geschichte ging Södel ein, als der als „Schinderhannes" bekannt gewordene Johannes Bückler hier 1802 die jüdische Familie Kaufmann überfiel und ausraubte. Am 30. September 1830 wurde in Södel eine Bauernrebellion gewaltsam niedergeschlagen. Das Blutbad von Södel wurde von Georg Büchner und Friedrich Ludwig Weidig in ihrem berühmten Flugblatt „Der Hessische Landbote" benannt.

Södel verlassen Sie nach rechts auf der Oppershofener Straße und radeln über Wisselsheim und Rödgen nach Bad Nauheim. Sie überqueren am Ortseingang von Bad Nauheim die B 3 und lenken am 2. Kreisverkehr links auf den Eleonorenring. Hinter der Bonifatiuskirche biegen Sie rechts in die Zanderstraße und am Kurpark rechts in die Ludwigstraße. Gegenüber des Kurzentrums führt rechts die Bahnhofsallee zum Bahnhof, Ihrem Ausgangspunkt.

Reisemobilstellplätze an oder nahe der Route

Wohnmobilstellplatz an der Horlofftalhalle,
Am Preulen 1, Echzell

Wohnmobilstellplatz am Bingenheimer Ried,
Bingenheimer Ried, Echzell

Wohnmobilstellplatz am Usa-Wellenbad,
In der Au 2, Bad Nauheim

E-Bike Ladestationen an oder nahe der Route

E-Bike Ladestation,
Willy-Brandt-Straße 12,
Nieder-Florstadt

Ysenburger Schloss in Staden

STADT, SCHLOSS, FLUSS: NIDDA

Eine Rundtour von Altenstadt über Nidda und Glauburg

Eine Entdeckungstour mit Steigungen durch Naturschutzgebiete und historische Orte.

Was erwartet mich?

51,6 km, 306 Höhenmeter, eine Tour überwiegend auf asphaltierten und geschotterten Wegen – beschildert als Vulkan-Radweg, Hessischer Radfernweg R4, Deutscher Limes-Radweg.

Wie komm ich hin?

ÖPNV: Bahnhof Altenstadt
Mit dem Auto: A 45, Ausfahrt 39 (Altenstadt), weiter auf der B 521 nach Altenstadt, dort Hanauer Straße.

Was muss ich sehen?

1 Museum „Keltenwelt am Glauberg“
2 Kloster Konradsdorf
3 Mühlenmodellausstellung „Erlebniswelt Mühlen“ in Dauernheim

Wo tank ich auf?

Gaststätte Zum Dorfbrunnen, Hauptstraße 51, Glauburg
Biergarten Im Orbes, Im Orbes 2, Nidda
Hotel Schloss Ysenburg, Parkstraße 20, Florstadt-Staden

Kartentipp: **ADFC Regionalkarte Vogelsberg/Wetterau**

TOURSTART

Der Bahnhof in Altenstadt ist ebenerdig und die Gleise stufenfrei erreichbar.

Sie starten auf der Südseite des Bahnhofs Richtung Osten und radeln parallel zu den Bahnschienen auf dem Vulkan-Radweg nach Lindheim.

In Lindheim gab es 1663 und 1664 drei große Hexenprozesse. Insgesamt wurden damals 19 Menschen hingerichtet. Am renovierten „**Hexenturm**" erinnert heute eine Gedenktafel mit den Namen der Opfer.

Das **Lindheimer Schloss** brannte 1928 bis auf die Grundmauern nieder, da die Feuerwehr damals keine Möglichkeiten besaß, den Brand zu löschen.

Museum „Keltenwelt am Glauberg"

Der Vulkan-Radweg führt Sie weiter über Enzheim nach Glauberg.

Abseits der Route am südwestlichen Fuße des Glaubergs zeigt das archäologische 1 **Museum „Keltenwelt am Glauberg"** Funde reich ausgestatteter „Fürstengräber" dreier keltischer Krieger aus dem späten 5. Jahrhundert v. Chr. und vor allem die bis auf die Füße vollständig erhaltene Statue eines Kriegers, des Keltenfürsten vom Glauberg. Der Glauberg war von der Jungsteinzeit bis ins Hochmittelalter besiedelt. In vorrömischer Zeit gab es hier eine befestigte keltische Höhensiedlung.

Sie folgen weiter den Schildern des Vulkan-Radwegs nach Selters - ein Stadtteil von Ortenberg.

Linker Hand passieren Sie das **Naturschutzgebiet** der Nidderauen, die sich zwischen Stockheim, Selters und Effolderbach erstrecken. In diesem Gebiet wurde ein Netz an Stillgewässern geschaffen, das Rastvögeln als Ruhe- und Nahrungszonen dienen soll. Ein Teil dieser Maßnahmen wurde als Ausgleich für den Bau des Vulkanradweges durchgeführt, auf dem Sie radeln.

Um den Charakter des offenen Grünlandes zu erhalten, finden in den Nidderauen **Beweidungsprojekte** statt. Dazu gehört auch die „Mutterkuhhaltung". Kälber werden unter freiem Himmel geboren und dürfen so lange bei der Mutter verbleiben, wie sie natürlicherweise mit Milch versorgt werden. Hier werden auch Heckrinder gehalten, eine 1920 gezüchtete Hausrindrasse, die dem ausgerotteten Auerochsen ähnelt, sowie Konik-Ponys die unter Freiland-Bedingungen leben.

*Am Ortseingang von Selters verlassen Sie den Vulkanradweg, lenken nach links (**Wegepunkt ❶**) und radeln zunächst auf dem Radweg neben der B 275 und dann links nach Effolderbach.*

Sie passieren das 2 **Kloster Konradsdorf**, ein ehemaliges Chorfrauenstift der Prämonstratenserinnen. Alle Infos dazu lesen Sie in Tour 14.

Kloster Konradsdorf

*Von der Konradsdorfer Straße biegen Sie am Ortseingang von Effolderbach rechts in die Danziger Straße und links in die Breslauer Straße. An der T-Kreuzung geht es links in die Ringstraße und gleich scharf rechts auf den Weg, der aus dem Ort hinausführt. Am Waldrand überqueren Sie die B 275 (**Wegepunkt ❷**), radeln entlang des Waldrandes, später für 700 Meter durch den Wald und wieder entlang des Waldrandes nach Bellmuth.*

Die **Fachwerkkirche** in Bellmuth wurde 1731 errichtet. Daneben stehen das Backhaus und die Hofreite Thum, ein historischer Bauernhof.

*In Bellmuth lenken Sie links in die Kapellenstraße. An der Weggabelung am Ortsausgang halten Sie sich links (**Wegepunkt ❸**). Der Weg führt später wieder rechts auf die Kreisstraße und links nach Ranstadt.*

*Am Ortsanfang von Ranstadt halten Sie sich links (**Wegepunkt ❹**), radeln auf der Bellmuther Straße bzw. Hintergasse ins Ortszentrum, und stoßen auf die B 457. Hier fahren Sie links und gleich darauf rechts in die Dauernheimer Straße. Am Ortsausgang lenken Sie vor dem Bahnübergang nach rechts und folgen der Beschilderung des Radweges R 4, hier auch Weser-Neckar-Radweg, Richtung Nidda.*

Nördlich des Bahnwärterhauses erstreckt sich das **Naturschutzgebiet „Im üblen Ried bei Wallernhausen"**. Den „üblen" Namen hat das rund 40 Hektar große Gebiet bereits seit 1537. Damals wurde es wegen häufiger Überschwemmungen der Nidda als „sumpfig, morastig und manchmal wochenlang nicht begehbar" beschrieben. Auch stinke es bei großer Hitze. Später verlor das Gebiet durch Entwässerung und Umwandlung zu Ackerland großteils seinen naturnahen Charakter. Erst ab den 1990er Jahren begannen Renaturierungsmaßnahmen und Stillgewässer wurden neu angelegt. Heute bietet das Naturschutzgebiet ein vielfältiges Spektrum unterschiedlicher Lebensräume. Röhrichte und Feuchtwiesen bieten Rast und Brutmöglichkeiten für viele Vogelarten, darunter seltene wie Kiebitz, Schwarz- und Blaukehlchen, Wachtelkönig, Wasserralle und Bekassine. Die Stillgewässer sind Refugien für den Laubfrosch und die stark gefährdete Gelbbauchunke. Zu beobachten sind Weißstorch und Silberreiher. An der Nidda leben auch Biber und Eisvogel.

Historische Mühle in Nidda

Sie radeln weiter auf dem Radweg R 4 / Weser-Neckar-Radweg nach Nidda, der hinter den wenigen Häusern von Orbes nach rechts abknickt.

Am Ortsanfang von Nidda knickt der Weser-Neckar-Radweg nach einer Linkskurve nach rechts ab. Sie radeln hier weiter geradeaus durch die Straße „Unter der Stadt". Der Radweg ist auch hier als R 4 ausgeschildert. Die Schilder führen Sie um das Stadtzentrum im Süden herum.

Ein Abstecher ins Stadtzentrum bietet sich an. Hauptsehenswürdigkeit der Stadt Nidda, die ihren Namen dem Fluss Nidda verdankt, ist das **Schloss Nidda**. Es wurde nach 1604 auf den Fundamenten einer alten Wasserburg errichtet, als Nidda in den Besitz der Landgrafschaft Hessen-Darmstadt gelangte. Es wurde teils noch im Stil der Spätgotik, teils im Stil der Renaissance gestaltet. Als der Kreis Nidda 1874 aufgelöst wurde, wurde das Schloss Dienstgebäude des Amtsgerichts Nidda. Aus dieser Zeit stammen das Wohnhaus des Amtsrichters und der Gefängnisbau im Schlosshof. Nachdem das Amtsgericht 2011 aufgelöst wurde, gelangte das Schloss in Privatbesitz. Heute leben und arbeiten dort auch Künstler und Musiker.

Aus der Renaissancezeit stammt auch die evangelische **Stadtkirche zum Heiligen Geist**, die in den Jahren 1615 bis 1617 errichtet wurde. Die Stadtkirche mit dem wuchtigen Chorturm im Süden war eine der ersten lutherischen Predigtkirchen in Oberhessen und für die weitere Entwicklung des protestantischen Kirchenbaus von Bedeutung.

Der **Johanniterturm** ist der Baurest einer mittelalterlichen Basilika, die von 1187 bis 1585 Sitz einer Johanniter-Kommende war. Der Turm wurde 1491/1492 ange-

Reisemobilstellplätze an oder nahe der Route

Wohnmobilstellplatz zum Niddersteg, Zum Niddersteg, Altenstadt
Wohnmobilstellplatz an der Kulturhalle, Bahnhofstraße 51, Glauburg
Wohnmobilstellplatz am Bürgerhaus, Kurallee 23, Nidda

E-Bike Ladestationen an oder nahe der Route

E-Bike Ladestation an der Ladestraße, am Bahnhof in Altenstadt
E-Bike Ladestation, Hauptstraße 8, Ortenberg-Selters
E-Bike Ladestation am Kloster Konradsdorf, Ortenberg-Selters
E-Bike Akku-Ladeschließfächer an der Carsharing-Station „Dorfbeweger", Ringstraße am Effolderbacher Friedhof
E-Bike Ladestation am Rathaus, Nidda
E-Bike Ladestation am Markt, neben der Bäckerei in Nidda

baut und blieb nach Abriss des Kirchenschiffs erhalten.

Im Mittelpunkt des Marktplatzes steht der **Marktbrunnen** von 1650, der das alte Stadtwappen mit dem achtstrahligen Stern der Grafen von Nidda und die damals vorhandenen Stadttore sowie das Schloss zeigt. In den engen Gassen um den Marktplatz stehen noch etliche Fachwerkhäuser des 16. und 17. Jahrhunderts. Das älteste Haus in der Mühlstraße 4 stammt aus der Zeit um ca. 1490.

Im ehemaligen Stadtwirtshaus „**Hotel zum Stern**" von 1632 ist heute das **Heimatmuseum** untergebracht. Es zeigt auf über 600 qm Fläche Exponate zur Heimat- und Regionalgeschichte, zur Kirchen- und Technikgeschichte über heimisches Handwerk bis zu bäuerlichen Gerätschaften und Gegenständen des täglichen Gebrauches.

Weitere Museen in Nidda sind das **Feuerwehrmuseum** im alten Spritzenhaus am Marktplatz und das **Jüdische Museum** in der Straße „Raun" 62.

Unsere Radtour führt weiter auf dem R 4 nach Bad Salzhausen.

Bad Salzhausen ist heute ein Stadtteil von Nidda. Benannt wurde es bereits 1187 als Salzhusen nach den salzhaltigen Quellen, aus denen schon ab dem 15. Jahrhundert Salz gewonnen wurde. Im 19. Jahrhundert wurde Salzhausen ein Kurbad. 1825 schrieb der Chemiker Justus von Liebig: „Ich habe mich selbst durch den Augenschein überzeugt, dass Leute durch 20–30 Bäder, nachdem sie in Wiesbaden und Ems vergeblich gebadet hatten, in Salzhausen vollkommen wiederhergestellt worden sind." 1826 wurde das Kurhaus errichtet und später der Kurpark. Heute bietet das Solebad Bewegungsbäder und weitere Therapieformen an. Das Gradierwerk dient der Atemtherapie. Sechs Heilquellen werden für Behandlungen eingesetzt.

Von Salzhausen fahren Sie weiter auf dem Radweg R 4 über Geiß-Nidda nach Dauernheim.

Die 3 **Mühlenmodellausstellung** „Erlebniswelt Mühlen" in der Kirchbergstraße 3 zeigt mehr als 50 Funktionsmodelle von historischen Wasser- und Windmühlen. Die meisten Modelle sind mit Antrieben versehen und können von den Besuchern in Bewegung gesetzt werden.

*In Dauernheim folgen Sie den Schildern des R 4 nach rechts (**Wegepunkt ❺**) Richtung Staden.*

Sie passieren zur Linken das **Naturschutzgebiet „Nachtweid von Dauernheim"**. Durch den Austritt mineralsalzhaltigen Wassers treten dort sehr seltene Pflanzenarten auf.

*Nördlich von Staden stößt der Radweg R 4 auf die L 3188 (**Wegepunkt ❻**). Sie radeln auf dieser Straße nach links in den Ort.*

Seufzerbrücke in Staden

Staden, heute ein Stadtteil von Florstadt, wird wegen seiner vielen Brücken über den Mühlbach und die Nidda gerne auch als „**Klein Venedig**" bezeichnet. Die Seufzerbrücke wurde 1684 auf Holzpfählen über dem Mühlbach errichtet. Über diese Brücke wurden Verurteilte zum Hinrichtungsplatz geführt.

Auf einer Flussinsel zwischen der Nidda und dem Mühlbach stehen die Reste der mittelalterlichen **Wasserburg Staden** mit dem erhaltenen Torturm und dem Schloss Ysenburg. Das Schloss besteht aus einem dreigeschossigen Steingebäude mit Staffelgiebeln oder Treppengiebeln mit kleinen Stufen. Das zweite Obergeschoss ist in verputztem Fachwerk ausgeführt. An der Hofseite befindet sich ein runder Treppenturm und ein Portal mit der Datierung 1574. An der Südseite ist dem Gebäude ein zweigeschossiger Vorbau als Eingangsbereich vorgelagert, den man über einen kleinen Steg erreicht. Heute wird das Schloss als Hotel und Café genutzt.

Hinter dem Schloss stoßen Sie auf den Deutschen Limes-Radweg, dem Sie durch die Parkstraße und weiter nach Stammheim folgen.

Die **Evangelische Kirche** in Stammheim wurde 1750/51 errichtet. Der Innenraum ist als Predigtkirche querorientiert. Die Kirchenausstattung mit dem Kanzelaltar stammt aus der Bauzeit.

Der Deutsche Limes-Radweg bringt Sie weiter nach Altenstadt und zum Bahnhof, Ihrem Ausgangspunkt.

Gelnhausen

Tour 18 Länge 76 km

IN DIE HEIMAT VON GRIMM'S MÄRCHEN

Eine Streckentour von Hanau über Gelnhausen und Wächtersbach nach Flieden

Eine Entdeckungstour mit einer langen Steigung zu Burgen und Schlössern. Die Tour kann auch in zwei Etappen von Hanau nach Wächtersbach und von Wächtersbach nach Flieden geteilt werden, da diese drei Orte über barrierefreie Bahnhöfe verfügen.

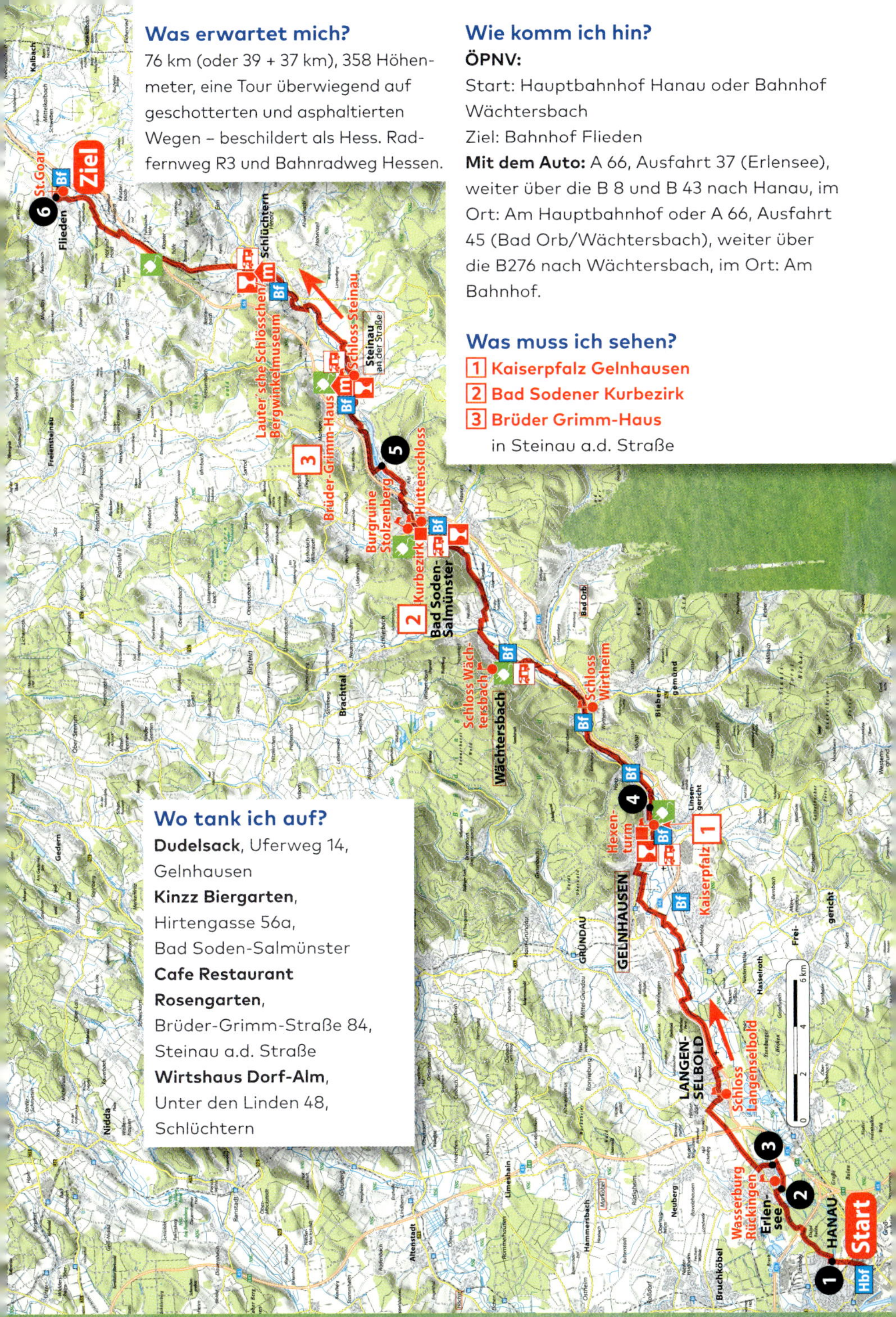

Was erwartet mich?

76 km (oder 39 + 37 km), 358 Höhenmeter, eine Tour überwiegend auf geschotterten und asphaltierten Wegen – beschildert als Hess. Radfernweg R3 und Bahnradweg Hessen.

Wie komm ich hin?

ÖPNV:

Start: Hauptbahnhof Hanau oder Bahnhof Wächtersbach

Ziel: Bahnhof Flieden

Mit dem Auto: A 66, Ausfahrt 37 (Erlensee), weiter über die B 8 und B 43 nach Hanau, im Ort: Am Hauptbahnhof oder A 66, Ausfahrt 45 (Bad Orb/Wächtersbach), weiter über die B276 nach Wächtersbach, im Ort: Am Bahnhof.

Was muss ich sehen?

1 **Kaiserpfalz Gelnhausen**

2 **Bad Sodener Kurbezirk**

3 **Brüder Grimm-Haus** in Steinau a.d. Straße

Wo tank ich auf?

Dudelsack, Uferweg 14, Gelnhausen

Kinzz Biergarten, Hirtengasse 56a, Bad Soden-Salmünster

Cafe Restaurant Rosengarten, Brüder-Grimm-Straße 84, Steinau a.d. Straße

Wirtshaus Dorf-Alm, Unter den Linden 48, Schlüchtern

Kartentipp: **ADFC Regionalkarte Vogelsberg/Wetterau**

TOURSTART

Der Hauptbahnhof Hanau verfügt über Aufzüge.

*Sie starten aus dem Bahnhof kommend hinter den Parkplätzen am Kreisel nach rechts. Hier treffen Sie auf den Radweg „Rhein-Main-Vergnügen Route 12", mit dem Sie hinter dem Friedhof nach links abbiegen. Von der Birkenhainer Straße biegen Sie rechts in die Dunlopstraße und nach einem Linksbogen bei nächster Gelegenheit wieder rechts in einen Fußweg. Dieser führt Sie unter den Bahnschienen her, in einer Linksschleife über die B43 und weiter parallel zur Landesstraße zur Brücke über die Kinzig (**Wegepunkt ❶**). Hinter der Brücke fahren Sie in einer Linksschleife zurück zum Flussufer und treffen auf den Radweg R 3 (auch als Bahnradweg Hessen beschildert), dem Sie nach links im Weiteren folgen. Sie radeln schon bald durch ein ausgedehntes Waldgebiet zum Erlensee nahe der gleichnamigen Gemeinde.*

Erlensee

Das **Naturschutzgebiet Erlensee**, zu dem der See und die umliegenden Wälder gehören, ist überregional als Rastplatz für Zugvögel bedeutend.

*Sie streifen den Ortsteil Rückingen der Gemeinde Erlensee und überqueren zweimal die Kinzig (**Wegepunkt ❷ + ❸**).*

Die **Wasserburg Rückingen** ist der Rest einer mittelalterlichen Wasserburg, die 1248 erstmals urkundlich erwähnt wurde. Die Burg war mainzisches Lehen und wurde von den Lehnsherren von Brauneck weiter vergeben. Heute zeigt hier ein Heimatmuseum eine Sammlung ortsgeschichtlicher Exponate, darunter Keramikfunde aus der Römerzeit.

Der Radweg R 3 leitet Sie weiter nach Langenselbold.

Hier passieren Sie das **Schloss Langenselbold**, das von den Grafen und späteren Fürsten zu Isenburg-Birstein zwischen 1722 und 1752 auf dem Gelände eines 1543 aufgelösten Prämonstratenser-Chorherrenstifts errichtet wurde. Die Anlage besteht aus sechs Gebäuden, die sich um die vier Seiten eines Innenhofes grup-

Gelnhausen

pieren. Im ehemaligen herrschaftlichen Wohngebäude befindet sich heute u.a. die städtische Bücherei.

Im Schlosspark zeigt ein **Heimatmuseum** Fundstücke aus Ausgrabungen bis zurück ins Jahr 1000 v. Chr., sowie aus Landwirtschaft und Handwerk. Auch ein Haushalt des 19. Jahrhunderts und ein Kaufladen aus der Zeit um 1900 sind zu sehen.

Sie folgen den Schildern des Radweg R 3 weiter nach Gelnhausen.

In Gelnhausen stoßen Sie auf die 1 **Kaiserpfalz**, die auch als „Barbarossaburg" bezeichnet wird. Die Stadtgründung von Gelnhausen erfolgte im Jahr 1170 durch Kaiser Friedrich I. (Barbarossa), was ihr seit 1978 die amtliche Zusatzbezeichnung Barbarossastadt einbrachte. Die Pfalz wurde auf einer Kinziginsel auf einem Fundament von 12.000 Baumstämmen errichtet. Sie war einer der kleineren Pfalzbauten Barbarossas, aber ist heute die besterhaltene Pfalz der Stauferzeit mit bedeutenden Steinmetzarbeiten.

Kaiserpfalz in Gelnhausen

Am Untermarkt steht das mit staufischen Bauelementen reich verzierte **Romanische Haus**, das im Mittelalter Sitz des kaiserlichen Vogts und des kaiserlichen Gerichts der Reichsstadt war.

Hexenturm in Gelnhausen

Zwischen 1447 und 1478 wurde der **Hexenturm** errichtet, ein original erhaltener Geschützturm mit 24 Metern Gesamthöhe und 9 Metern Durchmesser aus der Zeit der Hussitenkriege. Den Namen „Hexenturm" erhielt er später, nachdem zwischen 1584 bis 1633 hier mindestens 54 Personen, überwiegend Frauen, wegen angeblicher Hexerei angeklagt, gefoltert und hingerichtet wurden. Heute erinnert eine Gedenktafel mit 31 Namen an die Opfer dieses Verfolgungswahns. Im Obergeschoss des Gebäudes ist eine Ausstellung zur Geschichte der Hexenverfolgung eingerichtet.

Ein **Heimatmuseum** erinnert an Personen der Stadtgeschichte wie Kaiser Friedrich Barbarossa, den Schriftsteller Hans Jakob Christoffel von Grimmelshausen, der im „Simplicissimus" die Schrecken des Dreißigjährigen Krieges beschrieb, oder den Erfinder des Telefons, Philipp Reis.

Die ehemalige **Synagoge** geht auf das Jahr 1656 zurück und überstand die Novemberpogrome 1938, weil die jüdische Gemeinde von Gelnhausen sich unter dem politischen Druck und Terror der Nazis zuvor aufgelöst hatte. Sie besitzt noch einen barocken Thoraschrein. Unterhalb des Schifftores an der Kinzig blieb der Jüdische Friedhof erhalten, auf dem 876 vorhandene Grabsteine Beerdigungen zwischen 1617 und 1938 bezeugen.

*Auf unserer Route stoßen Sie hinter der Kaiserpfalz auf die Barbarossastraße, in die Sie nach rechts einbiegen und nach wenigen Metern erneut rechts (**Wegepunkt ❹**) am Freibad vorbei und weiter über Höchst und Wirtheim nach Wächtersbach fahren.*

Das **Schloss Wirtheim** wurde im 15. und 16. Jahrhundert als Renaissance-Schloss errichtet. Heute befinden sich darin Privatwohnungen.

Das Gebiet rechts und links unserer Route gehört zum über 740 km² großen **Naturpark Hessischer Spessart**, der unterschiedliche Landschaftsformen umfasst. Der Name Spessart leitet sich aus den Worten Specht und Hardt „Bergwald" her, also „Spechtswald". So ist der Schwarzspecht auch das Symbolbild der weiten Buchenwaldlandschaft. Der Naturpark Hessischer Spessart bildet eine ideale Lebensgrundlage für viele bedrohte Tierarten wie zum Beispiel den Biber oder die Wildkatze.

Die Stadt Wächtersbach war die **ehemalige Residenzstadt** der Grafen zu Ysenburg und Büdingen in Wächtersbach und liegt nahe der historischen Handelsstraße Via Regia von Frankfurt am Main nach Leipzig.

Nördlich der Radroute erhebt sich das **Schloss Wächtersbach**. Im 13. Jahrhundert wurde eine staufische Burg zu einer Wasserburg umgebaut und in der ersten Hälfte des 16. Jahrhunderts erweitert.

2016 wurde das Schloss von der Stadt Wächtersbach gekauft und umfangreich saniert. Heute wird es als **Rathaus** genutzt. Die 1578 gegründete zunächst gräfliche, später fürstliche Brauerei auf dem Gelände des Wächtersbacher Schlosses wurde nach über 400-jähriger Geschichte 2008 geschlossen.

1750 wurde neben dem Marktplatz das reich verzierte Fachwerkhaus des **Prinzessinnenhauses** errichtet. Hier wohnten die unverheirateten Geschwister der regierenden Grafen.

Die **Synagoge** in Wächtersbach wurde 1895 eingeweiht. 1910 wurde das jüdische Gemeindehaus mit Schule, Lehrerwohnung und Mikwe angebaut. Da die Synagoge einige Monate vor der Reichspogromnacht 1938 verkauft wurde, blieb sie unzerstört. Heute befinden sich Büros in dem Gebäude. Über dem Portal blieb eine hebräische Inschrift, auf deutsch „Gebetshaus Israels", erhalten.

Sie radeln weiter auf dem Radweg R 3 über den Ortsteil Neudorf nach Bad Soden.

Seit 1928 ist Bad Soden anerkanntes **Heilbad**. Grundlage dafür ist die äußerst starke Thermal-Sole, die den im chemischen Sinne für ein Heilwasser geforderten Mindestgehalt an gelösten und festen Bestandteilen in einem Kilogramm Wasser um ein Vielfaches überschreitet.

Überragt wird die Stadt vom Bergfried der **Burgruine Stolzenberg**. Er ist heute ein Aussichtsturm, von dem aus sich die Stadt, das Kinzigtal sowie Randgebiete von Hohem Vogelsberg und Spessart erschließen.

Im Tal steht das **Huttenschloss**, ein spätmittelalterlicher Bau mit Erkern, hohem Staffelgiebel und Treppenturm. Lukas von Hutten ließ es 1536 errichten und bis 1814 wohnten hier verschiedene Linien der Familie. Seit 1998 wird es als Freilichttheater genutzt.

Burgruine Stolzenberg

Kurhaus in Bad Soden

Das „**Alte Kurhaus**" im 2 **Bad Sodener Kurbezirk** stammt aus dem Jahr 1886. Zu den eisenhaltigsten Quellen Deutschlands zählt der König-Heinrich-Sprudel. Mit ca. 90 Gramm Salz pro Liter ist das Wasser nicht trinkbar, sondern wird ausschließlich für Solebäder verwendet. Das kleine Gradierwerk im Kurpark stammt von 2006. Besonders beliebt ist die Spessart-Therme mit 28 °C bis 35 °C warmem Thermalwasser mit bis zu 10 Prozent Solegehalt.

*Hinter Ahl gelangen Sie an die Kinzigtalsperre, radeln nach links (**Wegepunkt** ❺) über die Staumauer und weiter entlang des Sees. Die Schilder des Radweg R 3 begleiten Sie nach Steinau an der Straße.*

Brüder-Grimm-Haus in Steinau

Der Ortsname „Steinau an der Straße" bezieht sich auf die Via Regia, die historische Handelsstraße von Frankfurt am Main nach Leipzig. Seit 2006 führt sie die amtliche Zusatzbezeichnung „Brüder-Grimm-Stadt", da die beiden Autoren von „Grimms Märchen" hier einen Teil ihrer Jugend verbrachten.

An sie erinnert das 3 **Brüder Grimm-Haus**. Das Museum befindet sich im ehemaligen Amtshaus von Steinau, das der Jurist und Vater der Brüder Grimm, Philipp Wilhelm Grimm, mit Frau und sechs Kindern bewohnte, nachdem er 1791 zum Amtmann der hanauischen Ämter Schlüchtern und Steinau bestellt wurde.

Schloss Steinau ist die am besten erhaltene Schlossanlage der Frührenaissance in Hessen. Das Schloss ging aus einer mittelalterlichen Burg hervor.

Die **Altstadt** bietet in zahlreichen Gässchen viele gut erhaltene Fachwerkbauten sowie eine Stadtmauer mit Wehrtürmen.

Unsere Tour führt weiter (auf dem R3) nach Schlüchtern.

Das **Lauter'sche Schlösschen** geht auf ein Hofgut aus dem 14. Jahrhundert zurück, das später umgebaut, erweitert und 1675 erneuert wurde. Die Gebrüder Grimm waren hier zu Beginn des 19. Jahrhunderts gern gesehene Gäste. Heute ist das „**Bergwinkelmuseum**" als Heimatmuseum der Stadt Schlüchtern in dem Schloss untergebracht.

Das **Kloster Schlüchtern** ist eine im Kern hochmittelalterliche ehemalige Benediktinerabtei mit einer Krypta aus frühkarolingischer Zeit. Die Klostergebäude wurden 1508–1519 im Stil der Renaissance größten-

Reisemobilstellplätze an oder nahe der Route

Wohnmobilstellplatz Gelnhausen, Freigerichter Straße, Gelnhausen

Wohnmobilstellplatz Wächtersbach, Main-Kinzig-Straße 31, Wächtersbach

Wohnmobilstellplatz am Park | Spessart Therme, Parkstraße 12a, Bad Soden-Salmünster

Wohnmobilstellplatz bei Getränke Lambert, Ludovica-von-Stumm-Straße, Schlüchtern

Wohnmobilstellplatz am Steines, Am Steines, Steinau a.d. Straße

Schloss Steinau

teils neu erbaut mit einer reich gestalteten Westfront mit Staffelgiebel und rundem Treppenturm. In dem Gebäude sind heute das Ulrich-von-Hutten-Gymnasium und die Kirchenmusikakademie der Evangelischen Kirche von Kurhessen-Waldeck untergebracht.

Die **Synagoge Schlüchtern** wurde von 1898 bis zur Reichspogromnacht 1938 von der jüdischen Gemeinde als Gotteshaus genutzt. In der Reichspogromnacht wurde die Synagoge von den Nazis geschändet, ihre Inneneinrichtung zerstört und die Kultgegenstände der Synagoge verbrannt. 1945/46 wurde es auf Befehl der US-Besatzungsmacht wieder hergerichtet. Später diente es mal als Kleiderfabrik, mal als Einwohnermeldeamt und danach als Kulturhaus. Derzeit wird nach einem neuen Nutzungskonzept gesucht.

Von Schlüchtern führt unsere Route nach Flieden.

In Flieden passieren Sie die katholische **Kirche St. Goar**. Die barocke Saalkirche wurde in ihren ältesten Teilen (Kreuzkapelle und unterer Teil des Turms zwischen dem 13. und 16. Jahrhundert errichtet. In den Jahren 1717–1720 und 1926–1927 wurde die Kirche umfangreich erweitert.

*Von der Hauptstraße hinter der Kirche verlassen Sie in der Linkskurve den R3, biegen rechts ab in die Straße „An der Fliede" (**Wegepunkt ❻**), am Ende links in die Bahnhofstraße und erreichen das Tourziel – den Bahnhof Flieden.*

Der Bahnhof Flieden ist barrierefrei.

E-Bike Ladestationen an oder nahe der Route

E-Bike Ladestation Kreiswerke Main-Kinzig, Barbarossastraße 26, Gelnhausen

E-Bike Ladesäule Am Bahnhof, Wächtersbach

E-Bike Ladestation an der Spessart Therme, Frowin-von-Hutten-Str. 5, Bad Soden-Salmünster

E-Bike Ladesäule, Brüder-Grimm-Straße 70, Steinau an der Straße

E-Bike Ladestation Bien-Zenker, Am Distelrasen 2, Schlüchtern

Ausblick auf Frankfurt von der Brücke „Eiserner Steg"

ZU DEN SELIGEN AM MAIN

Eine Streckentour von Frankfurt am Main über Seligenstadt nach Aschaffenburg

Eine reizvolle, ebene Tour entlang des Mains vorbei an beeindruckenden Schlössern und Kirchen.

Was erwartet mich?

56,9 km, 65 Höhenmeter, eine Tour überwiegend auf asphaltierten Wegen – beschildert als Main-Radweg.

Wie komm ich hin?

ÖPNV:

Start: Hauptbahnhof Frankfurt am Main

Ziel: Hauptbahnhof Aschaffenburg

Mit dem Auto: A 648, bis Messe Frankfurt, weiter auf der B 44 zum Hauptbahnhof

Was muss ich sehen?

1 **Klappergasse** in Frankfurt-Sachsenhausen

2 **Altstadt von Seligenstadt**

3 **Schloss Johannisburg** in Aschaffenburg

Wo tank ich auf?

Riverside Taverne, Fährenstraße 38, Mühlheim am Main

Zur Woipress, Seligenstädter Str. 72, Hanau

Neue Mainterrasse, Kleine Maingasse 16, Seligenstadt

Marienhof Biergarten, Aschaffenburger Str. 24, Kleinostheim

Kartentipp: **ADFC Regionalkarten Spessart/Main/Odenwald** und **Frankfurt a. Main/Wiesbaden/Darmstadt**

TOURSTART

Der Hauptbahnhof Frankfurt am Main ist ein ebenerdiger Kopfbahnhof. Zu anderen Ebenen gibt es Aufzüge.

*Sie starten am Hauptbahnhof Frankfurt, lenken nach rechts, überqueren auf der Friedensbrücke den Main, fahren in einer Schleife nach rechts zum Mainufer (**Wegepunkt ❶**) und weiter flussaufwärts auf dem Main-Radweg.*

In Frankfurt-Sachsenhausen stehen am Museumsufer entlang des Mains 13 Museen, darunter das **Städel**, eines der bedeutendsten und bekanntesten Kunstmuseen Deutschlands.

Sie passieren den „**Eisernen Steg**", eine Fußgängerbrücke, die seit 1868 die Altstadt mit dem Stadtteil Sachsenhausen verbindet. Eine erste Brücke wurde 1912 durch eine verbreiterte und verstärkte Konstruktion ersetzt, die obendrein höher gelegt wurde. Nach der Sprengung in den letzten Tagen des Zweiten Weltkrieges wurde diese 1946 wieder aufgebaut, 1993 aber anlässlich einer Renovierung nochmals etwas höher gesetzt.

Sie passieren die Alte Brücke, die in die Altstadt führt und anschließend die Große Ritterstraße rechter Hand. Hier steht noch der Kuhhirtenturm, ein spätgotischer Wehrturm. Er wurde 1390 als Teil der Frankfurter Stadtbefestigung errichtet und diente bis ins 17. Jahrhundert als Torhaus sowie zum Schutz der Uferbefestigung am Main. Ab 2010 von der Stadt Frankfurt aufwendig saniert, zeigt dort heute das „Hindemith Kabinett im Kuhhirtenturm" Exponate zu Leben und Werk des Komponisten.

Frau Rauscher

Unweit des Affentorplatzes ist die **1 Klappergasse** das Zentrum des Sachsenhäuser Apfelweinviertels. Der 1961 aufgestellte Frau-Rauscher-Brunnen erinnert an das bekannteste Sachsenhäuser Original. Fraa (Frau) Rauscher soll im 19. Jahrhundert in der Frankfurter Klappergasse gelebt haben. Ihr womöglich erfundener Name enthält eine Anspielung auf den in Sachsenhausen beliebten jungen, noch gärenden Apfelwein, der nicht nur im Glas „rauscht", sondern auch bei stärkerem Genuss Durchfall verursachen kann. Wer am Brunnen vorbeigeht, muss darauf gefasst sein, dass dieser in unerwarteten Augenblicken Passanten mit Wasser bespuckt.

Weitere Informationen für eine Besichtigung der Stadt finden Sie im **Stadtporträt Frankfurt am Main**, s. Seite 92.

Isenburger Schloss in Offenbach

Sie radeln auf dem Main-Radweg weiter flussaufwärts nach Offenbach. Auf dieser Radtour fahren Sie entlang des Flussufers und streifen die Stadt nur.

Offenbach war als Industriestadt vor allem als Zentrum der Lederwarenindustrie bekannt. Lange Zeit wurde Offenbach durch Bauten der Hugenotten, den aus Frankreich geflüchteten Protestanten, aus dem späten 17. und 18. Jahrhundert geprägt. Von diesen sind die Französisch-Reformierte Kirche, die Französisch-Reformierte Gemeinde sowie ein Geschäftshaus in der Frankfurter Straße/Ecke Aliceplatz weitestgehend original erhalten. Der Wiederaufbau nach dem Krieg hat das Bild der Innenstadt massiv verändert. Dennoch hat die Stadt insgesamt noch etwa 1.600 denkmalgeschützte Bauwerke.

Das Wahrzeichen Offenbachs, das **Isenburger Schloss**, passieren Sie im Rahmen dieser Tour am Mainufer. Es wurde 1576 für den Grafen von Isenburg gebaut und gilt als einer der bedeutendsten Renaissancebauten nördlich der Alpen. Seit 1999 ist das Schloss ein Teil der Hochschule für Gestaltung, an die es unmittelbar angrenzt.

Der Main-Radweg bzw. Radweg R 3 führt Sie weiter flussaufwärts nach Bürgel.

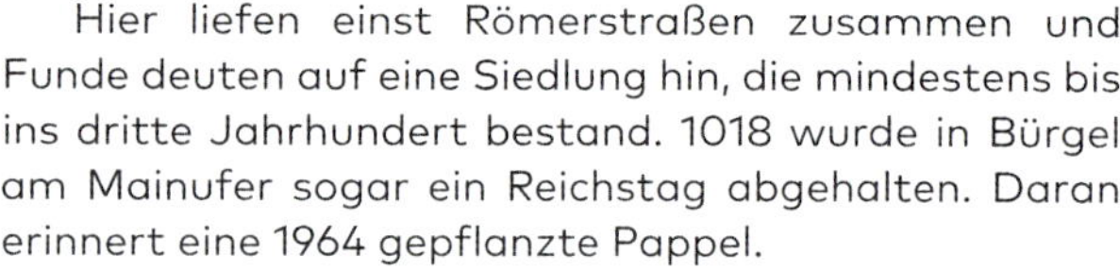

Hier liefen einst Römerstraßen zusammen und Funde deuten auf eine Siedlung hin, die mindestens bis ins dritte Jahrhundert bestand. 1018 wurde in Bürgel am Mainufer sogar ein Reichstag abgehalten. Daran erinnert eine 1964 gepflanzte Pappel.

Von Bürgel geht es auf dem Main-Radweg entlang der Main-Schleife nach Rumpenheim.

Das **Rumpenheimer Schloss** ist eine dreiflügelige Schlossanlage am Ufer des Mains. An die Anlage schließt sich der weitläufige Rumpenheimer Schlosspark an. Das Schloss geht im Kern auf ein 1678 errichtetes Herrenhaus zurück, das Prinz Karl von Hessen-Kassel 1771 zu einem fürstlichen Landsitz erweitern ließ. Sein Bruder Friedrich ließ es 1787 bis 1788 zu einer dreiflügeligen Anlage ausbauen.

Den Abriss des Schlosses und die Errichtung einer Hochhauszeile an dieser Stelle des Mainufers konnte 1973 eine Bürgerinitiative verhindern. Nach umfangreichen Renovierungsarbeiten birgt das Schloss seit 2002 moderne Eigentumswohnungen in der Luxusklasse.

Mit dem Main-Radweg streifen Sie Mühlheim am Main.

Im Ortszentrum ist die ehemalige **Brückenmühle** bemerkenswert. Sie wurde um 1545 erbaut und die Mahleinrichtung in dem Fachwerk-Mühlengebäude ist noch in betriebsfähigem Zustand erhalten. Eine museale Nutzung wird für die Zukunft angestrebt.

Sie radeln weiter auf dem Main-Radweg / EV 4. Gegenüber der Stadt Hanau gelangen Sie in den Hanauer Stadtteil Steinheim.

Die katholische Kirche St. Johann Baptist, wurde 1449 zur Pfarrkirche und bekam zwischen 1504 und 1509 einen neuen Chor. Von außen wirkt gegenüber der zierlichen gotischen Kirche der mächtige Turm, der keinen Helm trägt, aber mit vier Ecktürmchen verziert ist, sehr wehrhaft.

Sie radeln weiter auf dem Main-Radweg / EV 4 und streifen Klein-Auheim und Hainstadt und gelangen nach Seligenstadt.

Einhard-Basilika in Seligenstadt

Seligenstadt wurde von Einhard, dem Biographen Karls des Großen, gegründet. 815 begründete er hier ein Benediktinerkloster. Den Namen bekam die Stadt, nachdem im Jahr 828 in Rom gestohlene Reliquien der Märtyrer Petrus und Marcellinus aus der Basilika in Steinbach im Odenwald nach Obermühlheim überführt wurden. So wurde aus Obermühlheim der Wallfahrtsort Seligenstadt. Die Einhard-Basilika erhielt daraufhin reichen Besitz durch Schenkungen beiderseits des Mains und verfügte kurz vor dem Jahr 1000 über Einkünfte aus 40 Orten.

Obwohl die **Einhard-Basilika** im Laufe der Jahrhunderte stark verändert wurde, blieb sie eine der eindrucksvollsten Basiliken mit karolingischer Bausubstanz. Südlich davon erstreckt sich die ehemalige Benediktiner-Klosteranlage mit barocken Flügelbauten.

Noch vor der Einhard-Basilika passieren Sie am Mainufer den ehemaligen **Königshof** (Palatium) Kaiser Barbarossas aus dem 12. Jahrhundert. Von diesem Bau steht nur noch die Mainfront mit Doppel- und Dreifacharkaden mit Überfangbögen aus rotem Sandstein.

Aus gleicher Zeit stammt das „**Romanische Haus**" in der Großen Rathausgasse 5. Es wurde in massiver Bauweise aus Stein mit großen Arkaden im Sockelgeschoss und im ersten Geschoss Doppelarkaden mit Mittelsäule und Überfangbogen und einer Blendarkade unter dem Staffelgiebel errichtet. Hier tagte 1188 der Hoftag Barbarossas.

Marktplatz in Seligenstadt

Von der im 12. Jahrhundert angelegten und im 15. Jahrhundert verstärkten **Stadtbefestigung** mit vier Tortürmen und sechs Bollwerktürmen blieb das Steinheimer Tor als Stadttor und drei Bollwerktürme erhalten. Der größte Teil der Stadtbefestigung wurde im 19. Jahrhundert abgerissen.

In der 2 **Altstadt** von Seligenstadt stehen darüber hinaus noch eine Anzahl zwei- bis dreigeschossiger **Fachwerkhäuser** aus dem 17. und 18. Jahrhundert, vor allem am Marktplatz und in den umliegenden Straßenzügen.

*Über Klein-Welzheim erreichen Sie Mainflingen, wechseln am Ortsanfang mit dem Main-Radweg / EV 4 auf das andere Mainufer (**Wegepunkt ❷**) und radeln über Kleinostheim und Mainaschaff nach Aschaffenburg.*

Zwischen Seligenstadt und Klein-Welzheim führt ein Weg nach rechts zum **Wasserschloss Seligenstadt**, das der Seligenstädter Abt Franziskus II. Blöchinger um 1700 oder 1705 errichten ließ. Es diente als Gartenhaus für die frühneuzeitlich-höfische Festkultur im Garten der Seligenstädter Äbte. Ein Jahrhundert später kam die Anlage durch die Säkularisation in Landesbesitz. Seit 1972 ist sie in Privatbesitz.

Am Ortseingang von Aschaffenburg passieren Sie das 3 **Schloss Johannisburg**, das vom 13. Jahrhundert bis 1803 als zweite Residenz der Mainzer Erzbischöfe und Kurfürsten diente.

Im Zweiten Weltkrieg wurde das Schloss im März und April 1945 durch Bomben und Artilleriebeschuss schwer getroffen und brannte fast vollständig aus. Beim Wiederaufbau halfen alte Aufzeichnungen aus der Bauzeit.

Die **Staatsgalerie** im Schloss Johannisburg ist Teil der Bayerischen Staatsgemäldesammlungen. Ausgestellt sind unter anderem Gemälde von Lucas Cranach d. Ä., dessen Sohn und einer Reihe von Schülern und von Rubens. Die Cranach-Sammlung gilt als die bedeutendste Europas.

Das **Schlossmuseum Aschaffenburg** zeigt auf 1600 qm Fläche Kunstwerke und historische Zeugnisse aus sechs Jahrhunderten. Das Schloss wird seit 2016 restauriert. Die Arbeiten werden sich über mehrere Jahre hinziehen. In diesem Zusammenhang werden zeitweise Ausstellungsräume geschlossen oder umgeräumt.

Reisemobilstellplätze an oder nahe der Route

Wohnmobilstellplatz am Schwimmbad, Am Schwimmbad, Seligenstadt

Wohnmobilstellplatz an der Willigisbrücke, Am Main, Aschaffenburg

E-Bike Ladestationen an oder nahe der Route

E-Tankstelle, Bahnhofstraße 15, Mühlheim am Main

E-Bike Ladestation an der Tourist Info, Aschaffenburger Straße 1, Seligenstadt

Badeseegelände Mainhausen-Mainflingen, Seestraße 11, Mainhausen

E-Bike Ladestation Gastwirtschaft, Schlossgasse 28, Aschaffenburg

E-Bike Ladestation Aschaffenburger Hauptbahnhof, Elisenstraße, Aschaffenburg

Schloss Johannisburg in Aschaffenburg

*Sie radeln vom Main kommend in Höhe der Brücke (**Wegepunkt ❸**) über die Löherstraße in die Stadt bis zum Kreisverkehr am Schönborner Hof und lenken dort nach rechts in die Wermbachstraße.*

In der Innenstadt befindet sich in der Stiftsgasse im ehemaligen Kapitelhaus des Stifts das **Stiftsmuseum** der Stadt Aschaffenburg, ein Museum für Vor- und Frühgeschichte, die Kunst des Mittelalters, der Renaissance und für die sakrale Kunst des Barock. Das Kapitelhaus reicht bis zur Gründungszeit des Stiftes im 10. Jahrhundert zurück. Es ist durch einen romanischen Kreuzgang mit der Stiftskirche St. Peter und Alexander verbunden.

Der **Schönborner Hof** in Aschaffenburg, ein barockes Gebäude des 17. Jahrhunderts in der Wermbachstraße, beherbergt heute das Naturwissenschaftliche Museum. Es bietet eine umfangreiche Sammlung von Insekten sowie eine Darstellung der Mineralogie und Geologie des Spessarts.

Das **Museum jüdischer Geschichte und Kultur** ist im ehemaligen Rabbinerhaus am Wolfsthalplatz untergebracht und zeigt Dokumente der jüdischen Gemeinde in Aschaffenburg von 1267 bis zur Zeit der Verfolgung durch die Nazis.

Von der Wermbachstraße biegen Sie am nächsten Kreisverkehr links in die Alexanderstraße, folgen der Straße rechts in die Würzburger Straße und fahren am nächsten Kreisverkehr geradeaus versetzt in die Grünewaldstraße zum Bahnhof „Aschaffenburg Hochschule“. Der Bahnhof verfügt nur über ein Gleis und ist stufenfrei erreichbar. Wenn Sie am Hauptbahnhof Aschaffenburg umsteigen, so verfügt dieser Bahnhof über Aufzüge und stufenfreie Zugänge zu den Gleisen.

Der Main bei Seligenstadt

Tour 20 Länge 55 km

ZU DEN GESTOHLENEN HEILIGEN

Eine Rundtour von Seligenstadt über Babenhausen, Heusenstamm und Hainstadt

Eine reizvolle, ebene Tour zu kleineren und größeren Sehenswürdigkeiten und in ein Zentrum der Apfelweinproduktion.

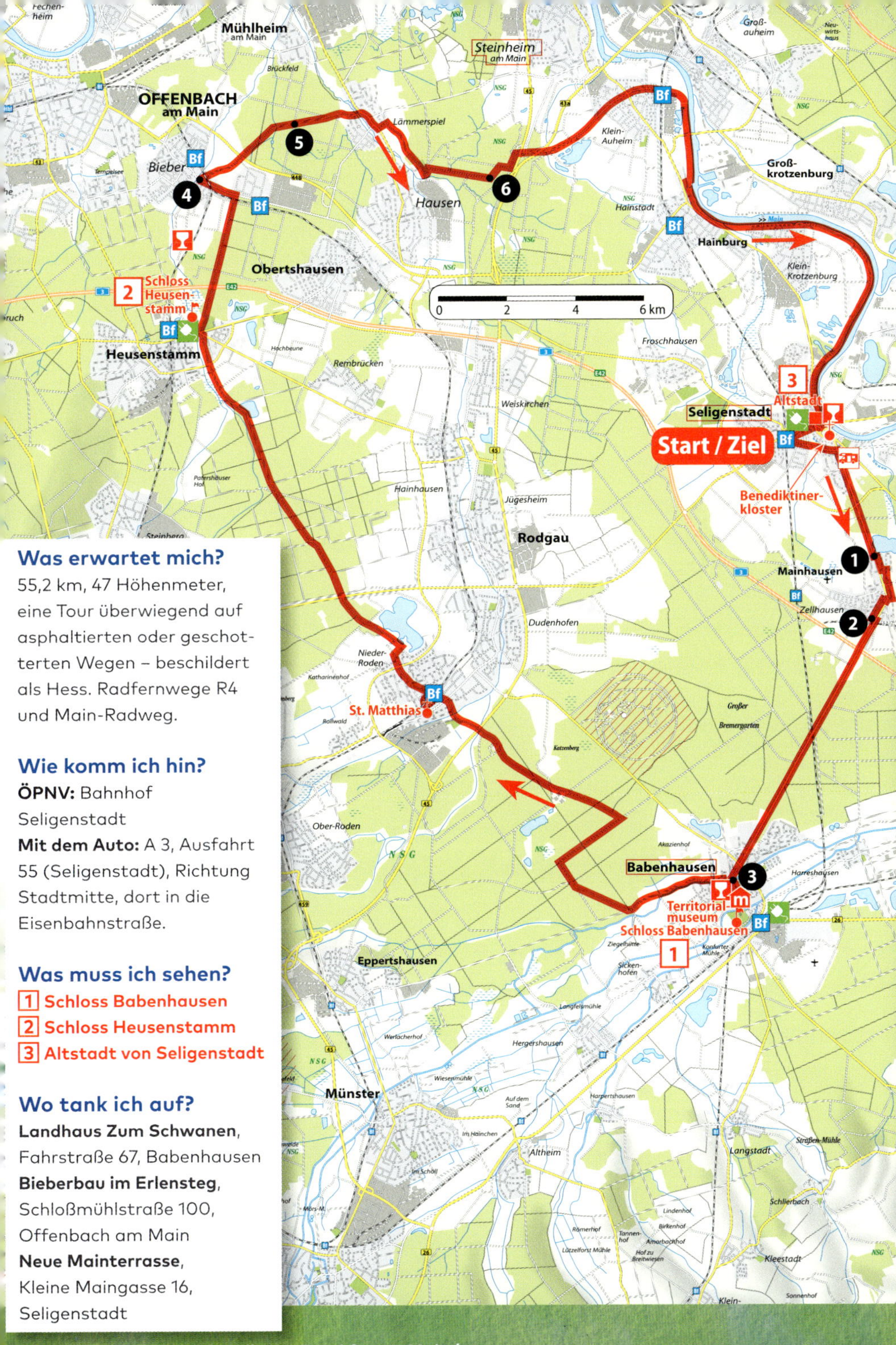

Was erwartet mich?

55,2 km, 47 Höhenmeter, eine Tour überwiegend auf asphaltierten oder geschotterten Wegen – beschildert als Hess. Radfernwege R4 und Main-Radweg.

Wie komm ich hin?

ÖPNV: Bahnhof Seligenstadt
Mit dem Auto: A 3, Ausfahrt 55 (Seligenstadt), Richtung Stadtmitte, dort in die Eisenbahnstraße.

Was muss ich sehen?

1 Schloss Babenhausen
2 Schloss Heusenstamm
3 Altstadt von Seligenstadt

Wo tank ich auf?

Landhaus Zum Schwanen, Fahrstraße 67, Babenhausen
Bieberbau im Erlensteg, Schloßmühlstraße 100, Offenbach am Main
Neue Mainterrasse, Kleine Maingasse 16, Seligenstadt

Kartentipp: **ADFC Regionalkarte Frankfurt a. Main/ Wiesbaden/Darmstadt**

TOURSTART

Der Bahnhof in Seligenstadt verfügt über zwei Gleise, die stufenlos erreichbar sind.

Sie starten vom Bahnhof geradeaus in die Würzburger Straße. Nach einem Kilometer biegen Sie rechts in die Zellhäuser Straße, auf der Sie die Stadt in Richtung Zellhausen verlassen.

*Am Ortseingang von Mainhausen lenken Sie links in die Straße „Am See" (**Wegepunkt ❶**) und sofort rechts in die Industriestraße. Nach 300 m geht es nach links in den Mühlwiesenweg und rechts in die Jahnstraße. Sie überqueren nach links versetzt die Mainflinger Straße und biegen rechts in die Taunusstraße. An der T-Kreuzung lenken Sie links in die Babenhäuser Straße, gleich darauf rechts in die Feldchengasse und dann links in die Rathausstraße. Nach 400 m biegen Sie links in die Ringstraße (**Wegepunkt ❷**) und dann in die zweite Straße rechts, die Babenhäuser Straße. Hinter der A3 kommen Sie durch ein Waldgebiet und fahren geradeaus nach Babenhausen. Hinter dem Kreisel überqueren Sie nach einer Linkskurve das Flüsschen Lache (**Wegepunkt ❸**) und lenken dann in die 3. Straße nach rechts, die Ludwigstraße.*

Hier bietet sich ein Abstecher nach links zum Schloss Babenhausen und zum Territorialmuseum an.

Das 1 **Schloss Babenhausen** ist aus einer mittelalterlichen Wasserburg hervorgegangen. Um 1200 unter den Herren von Hagen-Münzenberg gegründet, diente es als Verwaltungszentrum und Wehrburg für die Dörfer der Umgebung.

Später war das Schloss Witwensitz und Residenz nicht regierender Familienmitglieder. Im Zuge der napoleonischen Kriege kam das Schloss zu Frankreich, 1810 zum Großherzogtum Frankfurt und schließlich 1813 zum Großherzogtum Hessen-Darmstadt. Ab 1818 wurde es als Militärstrafanstalt genutzt und von 1869 bis 1891 war hier ein Regiment der Roten Dragoner stationiert. 2023 fanden Umbauarbeiten statt, ohne dass ein Ende benannt wurde.

Die westliche Hälfte des Nordflügels stammt im Kern noch aus dem 13. Jahrhundert. In spätgotischer Zeit wurden der fünfseitige Treppenturm und der Erker hinzugefügt. Das Gebäude wurde im 18. Jahrhundert teilweise aufgestockt.

Das **Territorialmuseum** in der Amtsgasse 32 im Gayling'schen Amtshaus von 1555 präsentiert auf 300

Schloss Babenhausen

Quadratmetern Ausstellungsfläche auf drei Stockwerken die Stadtgeschichte von der Vor- und Frühgeschichte über die mittelalterliche und frühneuzeitliche Stadtgeschichte einschließlich der Reformation bis ins 19. und 20. Jahrhundert.

Wer sich etwas Zeit für einen Altstadtbummel nimmt, wird noch manche Sehenswürdigkeit entdecken.

In dem mittelalterlichen Stammsitz der Herren von Babenhausen ist heute das Stadtarchiv untergebracht.

In der Fahrstraße stehen noch in Fachwerk gebaute Patrizierhäuser. Die Alte Apotheke wurde 1774 erbaut.

Von der ehemaligen Stadtbefestigung blieben noch der Breschturm und Reste des früheren Hanauer Tores erhalten. Der Hexenturm diente im ausgehenden Mittelalter als Gefängnis und Folterort.

Die frühere Stadtmühle produziert seit Ende des 19. Jahrhunderts Elektrizität.

Von der Ludwigstraße biegen Sie an der nächsten Kreuzung rechts in die Wilhelmstraße, überqueren erneut die Lache und biegen am Ende links auf die Waldstraße. Sie befinden sich auf dem Hess. Radfernweg R4 und folgen den Schildern über 6,5 km durch ein Waldgebiet nach Nieder-Roden, einem Ortsteil von Rodgau.

Die katholische **Pfarrkirche St. Matthias** wurde ab 1894 im neugotischen Stil erbaut. Sehenswert im Innern ist das Marienretabel vom Meister des Babenhausener Altars. Matthias Grünewald, Hans Backoffen oder Tilman Riemenschneider haben das Retabel um 1520 bis 1530 für die Ev. Stadtkirche St. Nikolaus (Babenhausen) in Form eines Flügelaltars mit geschnitztem Schrein, zwei geschnitzten inneren Flügelseiten, zwei gemalten Außenseiten und einer Predella gleichermaßen als Skulptur und Relief geschaffen. Bemalt wurde der Altar erst 1656.

Auf dem R4 fahren Sie aus dem Ort hinaus und über 5,7 km durch ein weiteres Waldgebiet nach Heusenstamm.

2 Schloss Heusenstamm am linken Ufer der Bieber gliedert sich in ein hinteres und ein vorderes Schloss. Das hintere Schloss steht an der Stelle der alten Burg der Herren von Heusenstamm. Diese war im 15. und 16. Jahrhundert und danach vor allem im Dreißigjährigen Krieg mehrmals zerstört, auf- und umgebaut worden. Von 1663 bis 1668 wurde das vordere Schloss im Stil der Renaissance auf dem ehemaligen Vorhof der alten Burg errichtet. Vor dem Schloss erstreckt sich ein kleiner Park als Rest einer früher weitläufigen Orangerie.

Die **Pfarrkirche St. Cäcilia** wurde von 1739 bis 1741 als katholische Begräbniskirche des Heusenstammer Zweiges der Grafen von Schönborn vom Würzburger Barockbaumeister Johann Balthasar Neumann erbaut.

Hinter Heusenstamm überqueren Sie mit dem Radfernweg R4 die A 3 und radeln weiter nach Bieber.

Im **Naturschutzgebiet „Erlensteg von Bieber"** gibt es wertvolle Feuchtwiesen, seltene Waldgesellschaften, Brachflächen trockener Standorte sowie Biotope aus Sauergrasgewächsen und Niedermoorpflanzen. Drei Viertel des Gebiets sind mit Wald bewachsen.

Bieber, der heutige Ortsteil von Offenbach, ist bekannt für seinen **Kartoffelsalat**, der nur mit Essig, Öl und Zwiebeln angemacht wird. Seit jeher werden hier aufgrund sehr kalkhaltiger Böden Äpfel angebaut. Noch heute gibt es in der Umgebung ausgedehnte Obstwiesen. Besonderer Beliebtheit erfreut sich der Apfelwein aus Bieber, der auch heute noch hier gekeltert wird.

*In Bieber biegt der R4 rechts ab (**Wegepunkt 4**), führt aus dem Ort hinaus und hinter der B448 in ein Waldgebiet. Nach 1,1 km biegt dieser Radweg links ab (**Wegepunkt 5**). Sie radeln aber weiter geradeaus nach*

Schloss Heusenstamm

*Lämmerspiel, ein Ortsteil von Mühlheim am Main. Sie stoßen dort auf die Bischof-Ketteler-Straße, in die Sie nach rechts lenken, um nach 500 m links in die Schubertstraße zu biegen. An deren Ende fahren Sie nach rechts auf den Weg und erreichen nach 1 km den Friedhof von Hausen. An dessen Ende biegen Sie scharf nach links, dann gleich nach rechts und radeln durch ein Waldgebiet in Richtung Klein-Auheim. Vor der Bundesstraße lenken Sie nach links (**Wegepunkt ❻**) bis zur Unterführung, um nach rechts unter der B 45 nach Klein-Auheim zu radeln. Auf der Fasaneriestraße fahren Sie durch den Ort, biegen hinter den Gleisen in die zweite Straße links ab und erreichen den Main. Sie radeln dort nach rechts flussaufwärts auf dem Main-Radweg über Hainburg nach Seligenstadt.*

Seligenstadt wurde von Einhard, dem Biographen Karls des Großen, gegründet. 815 begründete er hier ein **Benediktinerkloster**. Den Namen bekam die Stadt, nachdem im Jahr 828 in Rom gestohlene Reliquien der Märtyrer Petrus und Marcellinus aus der Basilika in Steinbach im Odenwald nach Obermühlheim überführt wurden. Somit wurde aus Obermühlheim

Reisemobilstellplätze an oder nahe der Route

Wohnmobilstellplatz am Schwimmbad,
Am Schwimmbad,
Seligenstadt

E-Bike Ladestationen an oder nahe der Route

Zweiradshop Niederhofer,
Aschaffenburger Str. 2,
Babenhausen

E-Bike Ladestation neben dem Alten Bahnhof,
Heusenstamm

E-Bike Ladestation an der Tourist Info,
Aschaffenburger Straße 1,
Seligenstadt

der Wallfahrtsort Seligenstadt. Die Einhard-Basilika erhielt daraufhin reichen Besitz durch Schenkungen beiderseits des Mains und verfügte kurz vor dem Jahr 1000 über Einkünfte aus 40 Orten.

Obwohl die **Einhard-Basilika** im Laufe der Jahrhunderte stark verändert wurde, blieb sie eine der eindrucksvollsten Basiliken mit karolingischer Bausubstanz. Südlich davon erstreckt sich die ehemalige Benediktiner-Klosteranlage mit barocken Flügelbauten.

Noch vor der Einhard-Basilika passieren Sie am Mainufer den ehemaligen **Königshof** (Palatium) Kaiser Barbarossas aus dem 12. Jahrhundert. Von diesem Bau steht nur noch die Mainfront mit Doppel- und Dreifacharkaden mit Überfangbögen aus rotem Sandstein. Bei einem Hoftag am 23. April 1188 schloss Kaiser Friedrich Barbarossa mit König Alfons VIII. von Kastilien den Ehevertrag zwischen ihren Kindern Konrad und Berenguela von Kastilien.

Aus gleicher Zeit stammt das „**Romanische Haus**" in der Großen Rathausgasse 5. Es wurde in massiver Bauweise aus Stein mit großen Arkaden im Sockel-

Tour 20

Seligenstadt

geschoss und im ersten Geschoss Doppelarkaden mit Mittelsäule und Überfangbogen und einer Blendarkade unter dem Staffelgiebel errichtet. Hier tagte 1188 der Hoftag Barbarossas.

Von der im 12. Jahrhundert angelegte und im 15. Jahrhundert verstärkten **Stadtbefestigung** mit vier Tortürmen und sechs Bollwerktürmen blieben das Steinheimer Tor als Stadttor und drei Bollwerktürme erhalten. Der größte Teil der Stadtbefestigung wurde im 19. Jahrhundert abgerissen.

In der 3 **Altstadt** von Seligenstadt stehen darüber hinaus noch eine Anzahl zwei- bis dreigeschossiger **Fachwerkhäuser** aus dem 17. und 18. Jahrhundert, vor allem am Marktplatz und in den umliegenden Straßenzügen.

An der Mainfähre ❼ fahren Sie vom Mainufer scharf rechts in die Große Fischergasse und gleich links in die Kleine Maingasse. An deren Ende geht es nach rechts in die Freihofstraße und nach Überqueren der Aschaffenburger Straße geradeaus zum Bahnhof, Ihrem Ausgangspunkt.

Weinberge an der Clingenburg in Klingenberg

Tour 21

Länge 47 km

AN DEN FRÄNKISCHEN MAIN

Eine Streckentour von Aschaffenburg über Klingenberg nach Miltenberg

Eine landschaftlich reizvolle, ebene Tour entlang des Mains zu alten Fachwerkstädten und Weinanbau.

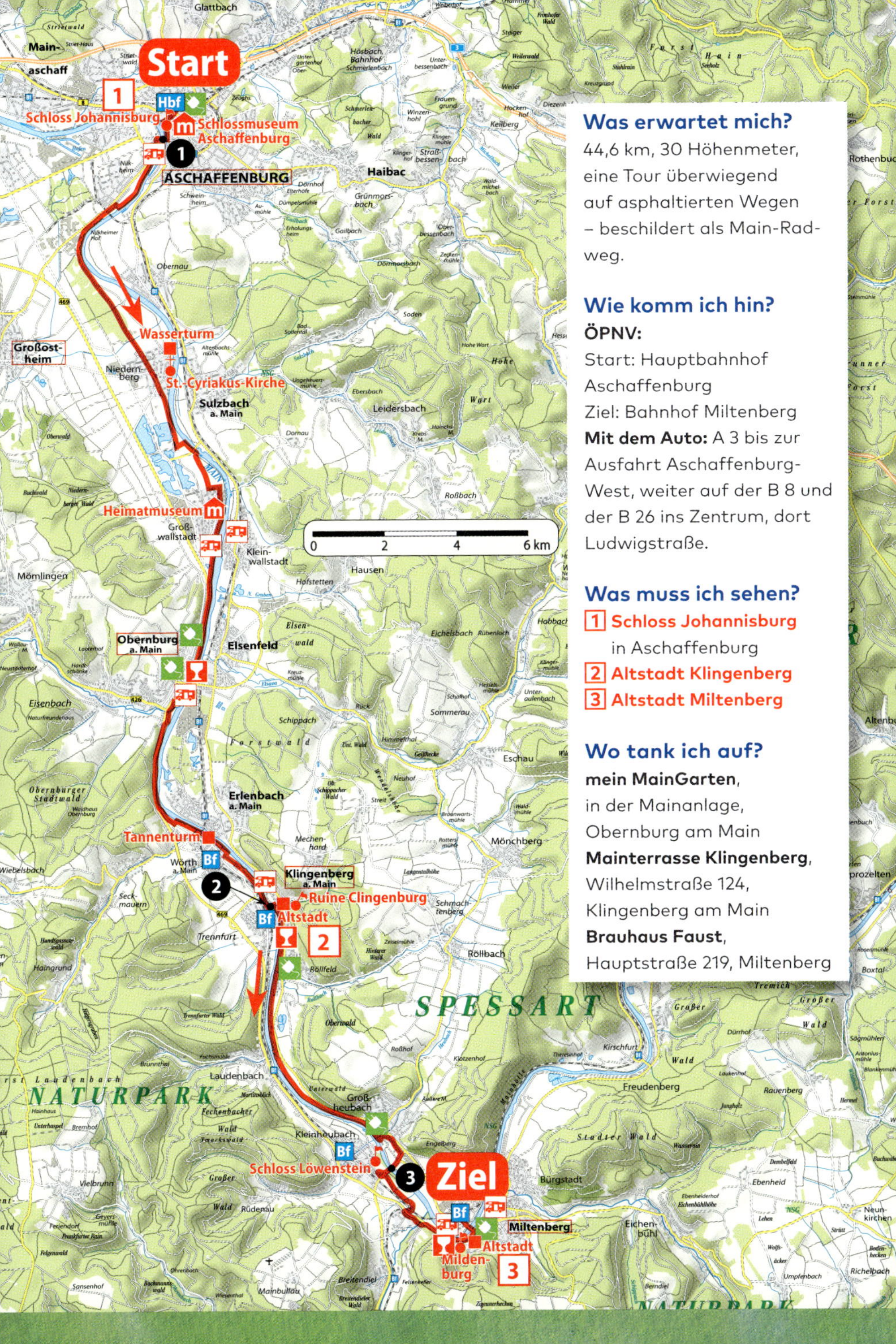

Was erwartet mich?

44,6 km, 30 Höhenmeter, eine Tour überwiegend auf asphaltierten Wegen – beschildert als Main-Radweg.

Wie komm ich hin?

ÖPNV:

Start: Hauptbahnhof Aschaffenburg

Ziel: Bahnhof Miltenberg

Mit dem Auto: A 3 bis zur Ausfahrt Aschaffenburg-West, weiter auf der B 8 und der B 26 ins Zentrum, dort Ludwigstraße.

Was muss ich sehen?

1. **Schloss Johannisburg** in Aschaffenburg
2. **Altstadt Klingenberg**
3. **Altstadt Miltenberg**

Wo tank ich auf?

mein MainGarten, in der Mainanlage, Obernburg am Main

Mainterrasse Klingenberg, Wilhelmstraße 124, Klingenberg am Main

Brauhaus Faust, Hauptstraße 219, Miltenberg

Kartentipp: **ADFC Regionalkarte Spessart/Main/Odenwald**

TOURSTART

Der Hauptbahnhof Aschaffenburg verfügt über Aufzüge und stufenfreie Zugänge zu den Gleisen.

Sie starten am Hauptbahnhof Aschaffenburg und lenken nach links, anschließend halbrechts in die Frohsinnstraße und gleich darauf rechts in die Erthalstraße. Vor der nächsten Linkskurve geht es rechts am Schloss vorbei über die Straße „Schloßberg" zum Main.

Das 1 **Schloss Johannisburg** diente vom 13. Jahrhundert bis 1803 als zweite Residenz der Mainzer Erzbischöfe und Kurfürsten.

Das heutige Bauwerk wurde in der Zeit von 1605 bis 1614 im Stil der Renaissance an alter Stelle neu erbaut. Zwischen 1814 und 1918 gehörte das Schloss den Königen von Bayern. Heute ist der Freistaat Bayern Eigentümer.

Die **Staatsgalerie** im Schloss Johannisburg ist Teil der Bayerischen Staatsgemäldesammlungen. Ausgestellt sind unter anderem Gemälde von Lucas Cranach d. Ä., dessen Sohn und einer Reihe von Schülern und von Rubens. Die Cranach-Sammlung gilt als die bedeutendste Europas.

Ausführliche Informationen zu den Sehenswürdigkeiten in Aschaffenburg finden Sie in Tour 19.

*Am Mainufer lenken Sie nach links und radeln flussaufwärts auf dem Main-Radweg / EV 4. An der nächsten Brücke (**Wegepunkt** ❶) wechseln Sie das Ufer und radeln flussaufwärts auf dem Radweg EV 4 / Deutscher Limes-Radweg entlang des Mainufers nach Niedernberg.*

St.-Cyriakus-Kirche in Niedernberg

Die **St.-Cyriakus-Kirche** stammt mit ihren ältesten erhaltenen Teilen von 1461. Zu diesen gehört der Glockenturm mit seiner Sandsteinmadonna.

Als Wahrzeichen Niedernbergs gilt der 1958 errichtete **Wasserturm**. Bis in die 1820er Jahre verfügte Niedernberg zuvor nur über sieben Kettenbrunnen, erst 1834 wurden diese zu Pumpenbrunnen umgerüstet. In trockenen Sommern herrschte oft Wasserknappheit. Als ab 1928 die Kanalisierung des Mains voranschritt, stieg das Grundwasser so weit an, dass das Brunnenwasser zu faulen begann. Als es 1954 zu Typhuserkrankungen kam, mussten zwölf der insgesamt dreizehn Brunnen für den Trinkwassergebrauch schließen. Bis 1958 wurden Rohre im Ort verlegt und die Hausanschlüsse vorgenommen.

Schloss Johannisburg in Aschaffenburg

Sie radeln weiter auf dem Main-Radweg nach Großwallstadt.

Das **Heimatmuseum** in der Hauptstraße 3 erinnert an die Heimschneiderei, die in Großwallstadt um 1880 begann. Im Museum sind neben dem Nachbau einer Heimarbeiterwerkstatt auch landwirtschaftliche Geräte und eine historische Küche mit Waschkessel zu sehen.

Der Main-Radweg bringt Sie weiter nach Obernburg am Main.

Von der ehemaligen **Stadtbefestigung** in Obernburg sind noch Türme erhalten geblieben: das Obere Tor, der Täschenturm, der Runde Turm, der Hexenturm, das Untere Tor, der Gumpenturm und der Almosenturm.

Von Obernburg führen Sie die Schilder des Main-Radweg nach Wörth am Main.

Der **Tannenturm** aus dem 15. Jahrhundert bildet den nördlichen Abschluss der mainseitigen Stadtmauer, die mittlerweile zur Hochwasserschutzmauer ausgebaut wurde.

Im Südwesten bildete das erstmals Mitte des 15. Jahrhunderts erbaute **Obere Tor** einen landseitigen Zugang zur Stadt. Es wurde mehrfach durch Kriege beschädigt und erneuert. Der letzte Wiederaufbau fand 1751 statt.

Der Main in Klingenberg

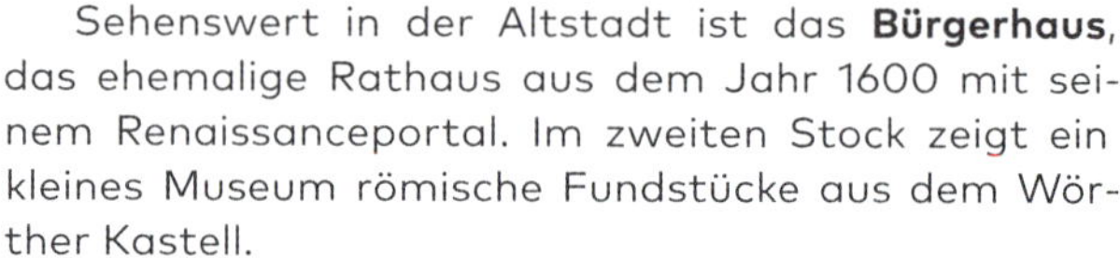

Sehenswert in der Altstadt ist das **Bürgerhaus**, das ehemalige Rathaus aus dem Jahr 1600 mit seinem Renaissanceportal. Im zweiten Stock zeigt ein kleines Museum römische Fundstücke aus dem Wörther Kastell.

Die ehemalige **St. Wolfgangskirche** geht auf das Jahr 1328 zurück. Die ältesten Teile, darunter die unteren Stockwerke des heutigen Turmes, stammen aus dem 14./15. Jahrhundert. Das Langhaus wurde 1729 abgerissen und zwischen 1730 und 1749 im barocken Stil wieder aufgebaut. Nach dem Bau der Pfarrkirche St. Nikolaus wurde die St. Wolfgangskirche aufgegeben. Heute beherbergt das Gebäude ein Schifffahrts- und Schiffbaumuseum, das die historische Entwicklung der Binnenschifffahrt und des Schiffbaus am Main dokumentiert.

Die 1898 erbaute **St.-Nikolaus-Kirche** bewahrt im Inneren einen spätgotischen Flügelaltar aus der Zeit um 1470.

*Sie radeln weiter auf dem Main-Radweg nach Klingenberg am Main. Dazu wechseln Sie vor der Stadt das Ufer (**Wegepunkt** ❷).*

Oberhalb der [2] **Klingenberger Altstadt** und des Weinbergs liegt die mittelalterliche Clingenburg. Ab 1177 herrschten hier die Herren von Clingenburg. Später residierten bis zur Mitte des 16. Jahrhunderts mainzische Amtmänner in der Burg. Danach verfiel die Burg. Im 20. Jahrhundert wurde die Burgruine touristisch erschlossen. Von der Aussichtsplattform bietet sich ein Panoramablick auf die Altstadt und das Maintal.

In den Straßen und Gassen der **Altstadt** stehen noch zahlreiche Fachwerkbauten aus dem 16. Jahrhundert. Das Alte Rathaus mit Krüppelwalmdach und Mittelerker stammt aus dem Jahre 1561. Unter den großen Arkaden im Sockelgeschoss befand sich früher eine offene Markthalle.

Das **Klingenberger Stadtschloss**, ein Renaissancebau von 1560, wurde von den Mainzischen Amtmännern und von 1693 bis 1892 von der Familie von Mairhofen bewohnt. Es befindet sich heute in Privatbesitz. Zum Schloss gehören der Schlosshof und das Torhaus mit großem Sandsteinportal.

Das **Weinbau- und Heimatmuseum** zeigt den kompletten Ablauf der Weinerzeugung. Ausgestellt sind eine Weinpresse von 1806, Küferei und Weinkeller, Fässer, Abfüllanlage, Gläser und Flaschen sowie eine rekonstruierte Häckerwirtschaft. Zwei Schaustollen und eine Sammlung aus Grubenlampen, Keramik, Uniformen und Dokumenten dokumentiert die Geschichte des Tonbergwerks Klingenberg. Darüber hinaus werden historische Handwerksberufe vorgestellt.

Der Brunntorturm in Klingenberg

Klingenberg ist vor allem bekannt für seine guten Rotweine. Insgesamt bewirtschaften 15 Winzer etwa 30 ha Weinberge, darunter den „Schlossberg" mit 25 ha. Auf 23 ha wird Rotwein angebaut, vor allem Spätburgunder und Blauer Portugieser. Bei den Weißweinen überwiegt die Sorte Müller-Thurgau.

Von Klingenberg geht es direkt am Ufer entlang nach Großheubach.

Das **Historische Rathaus** wurde 1611/1612 in altfränkischer Fachwerk-Bauweise errichtet. Es diente als Sitz eines Unteramtmannes für das Amt Prozelten. Das Erdgeschoss wurde zugleich als Gefängnis genutzt. Ebenfalls um 1600 wurde das Abendanz'sche Haus als Fachwerkhaus erbaut.

*Sie radeln weiter über die Mainbrücke (**Wegepunkt** ❸) nach Kleinheubach.*

Reisemobilstellplätze an oder nahe der Route

Wohnmobilstellplatz an der Willigisbrücke, Am Main, Aschaffenburg
Wohnmobilstellplatz Mainauen-Badewelt, Mainstraße, Großwallstadt
Wohnmobilstellplatz am Mainufer, Mainstraße, Kleinwallstadt
Wohnmobilstellplatz am Festplatz Mainanlagen, Ziegelhüttenweg, Obernburg am Main
Wohnmobilstellplatz MAIN. BERG.BLICK., Zur Einladung, Klingenberg am Main
Wohnmobilstellplatz am Yachthafen, Steingaesserstraße 27, Miltenberg
Übernachtungsplatz Miltenberg, Luitpoldstraße 17, Miltenberg
Wohnmobilstellplatz am Hallenfreibad, Jahnstraße, Miltenberg
Wohnmobilstellplatz am Fährweg, Fährweg, Miltenberg
Wohnmobilstellplatz am Winzerfestplatz, Josef-Ullrich-Straße, Bürgstadt

Am Mainufer steht das **Schloss Löwenstein**. Es wurde zwischen 1721 und 1732 im Auftrag von Fürst Dominik Marquard von Löwenstein-Wertheim-Rosenberg im Barockstil erbaut. Der Bamberger Baumeister Johann Dientzenhofer arbeitete nach Plänen des französischen Barock-Architekten Louis Remy de la Fosse, der vor allem in Hannover, Kassel und Darmstadt arbeitete. Heute wird das ehemalige Schloss der Fürsten zu Löwenstein als Tagungshotel genutzt.

Die evangelisch-lutherische **Pfarrkirche St. Martin** oberhalb des Mainufers wurde in den Jahren 1706–1710 im Stil des Barock errichtet. Fresken stammen noch aus der alten Kirche von 1455.

1727 wurde gegenüber der Kirche das **Alte Rathaus** in Fachwerkbauweise errichtet. An einem Eckpfeiler sind historische Hochwasserstände des Mains markiert.

Im ehemaligen Empfangsgebäude des Bahnhofs dokumentiert ein kleines **Heimatmuseum** die Ortsgeschichte und zeigt handwerklich hergestellte Gegenstände aus ortsansässigen Betrieben, unter anderem aus der Keramikfabrik.

Der Main-Radweg (EV4) bringt Sie nun nach Miltenberg.

Die weithin sichtbare **Mildenburg** entstand Mitte des 12. Jahrhunderts im Auftrag König Konrads III. als staufische Spornburg und ging später in Mainzer Besitz über. Ältester Teil der Burg ist der 27 Meter hohe Bergfried. Das heutige Wohngebäude mit hohem Dach und Treppengiebel wurde von 1390 bis 1396 im Auftrag des Mainzer Erzbischofs Konrad von Weinsberg erbaut. Die 1525 im Bauernkrieg eroberte Burg wurde 1552 im Zweiten Markgrafenkrieg zerstört und teilweise wieder aufgebaut. Bis ins 18. Jahrhundert war sie der Sitz der erzbischöflichen Burggrafen. Heute beherbergt sie ein Museum, das Ikonen und moderne Kunst zeigt.

In der 3 **Altstadt** ist das „Schnatterloch" am historischen Marktplatz ein beliebtes Fotomotiv. Im „Haus Miltenberg", einem Gebäude mit reich verzierten Renaissance-Erkern, ist das Museum Stadt Miltenberg untergebracht. Zu den bedeutendsten Ausstellungsstücken gehören der Toragiebel aus dem ältesten noch erhaltenen Synagogenbau Deutschlands, ein römischer Paradeschildbuckel, gotische Steinplastiken sowie Gold- und Silbermünzen aus der mittelalterlichen Geschichte der Stadt.

Das Schnatterloch in Miltenberg

Das **Hotel Zum Riesen** dürfte eines der ältesten Gasthäuser Deutschlands sein. Eine erste urkundliche Erwähnung stammt aus dem Jahr 1158. 1589 wurden dem Besitzer 100 Eichenstämme zu Um- und Ausbau des Gebäudes durch den Stadtrat bewilligt. Der Fachwerkaufbau ist heute noch nahezu genauso erhalten, wie er 1590 errichtet wurde.

Vermutlich aufgrund von Neid über den wirtschaftlichen Erfolg des Gasthofes wurde 1627 der Gastwirt Lorenz Beck der Hexerei bezichtigt und zum Tod auf dem Scheiterhaufen verurteilt. Dasselbe Schicksal ereilte 1629 auch den Vorgänger Becks, Benedikt Stumpf sowie dessen Frau.

Das unter Denkmalschutz stehende Gebäude befindet sich in privatem Eigentum und dient weiterhin als Hotel und Gaststätte. Im 20. Jahrhundert waren Richard Strauss, Theodor Heuss, Hans Albers, Heinz Rühmann und Elvis Presley hier zu Gast.

Erhalten blieben noch die 1379 errichteten Stadttore, das Mainzer Tor am Westrand der Altstadt und das Würzburger Tor im Osten.

Den Bahnhof in Miltenberg erreichen Sie über die Mainbrücke auf dem anderen Ufer. Die Brückenstraße führt direkt dorthin. Der Bahnhof besitzt drei Bahnsteiggleise, wobei sich das Gleis 1 am Hausbahnsteig befindet. Die anderen beiden sind über Aufzüge zu erreichen.

E-Bike Ladestationen an oder nahe der Route

E-Bike Ladestation am Aschaffenburger Hauptbahnhof, Elisenstraße, Aschaffenburg

E-Bike Ladestation am Main-Limes-Realschule, Dekaneistraße 2, Obernburg a.Main

E-Bike Ladestation Obernburg, Wendelinusplatz 3, Obernburg a.Main

E-Bike Ladestation „Wald erfahren" Winzerfestplatz, Brückenstraße, Klingenberg a.Main

E-Bike Ladestation „Wald erfahren" an der Röllfelder Kirche, Langgasse, Klingenberg a.Main

E-Bike Ladestation Zweirad-Sport Neukirchen, Röllfelder Straße 13, Großheubach

E-Bike Ladestation Mildenburg Hotel-Cafe, Mainstraße 77, Miltenberg

E-Bike Ladestation am Rathaus, Engelplatz 69, Miltenberg

E-Bike Ladestation am Landratsamt, Brückenstraße 2, Miltenberg

E-Bike Ladestation Bahnhof Miltenberg, Gleis 1, Miltenberg

Mathildenhöhe in Darmstadt

Tour 22 Länge 45 km

ZUR FOSSILIEN-FUNDSTÄTTE GRUBE MESSEL

Eine Rundtour von Darmstadt über Groß-Zimmern und Dieburg

Eine abwechslungsreiche Tour mit Steigungen durch Naturschutzgebiete und zu Schlössern und Burgen.

Was erwartet mich?

45,4 km, 163 Höhenmeter, eine Tour überwiegend auf geschotterten oder asphaltierten Wegen – teilweise beschildert als Hess. Radfernwege R8, Südhessen-Routen 20, 7 und 16.

Wie komm ich hin?

ÖPNV: Hauptbahnhof Darmstadt

Mit dem Auto: A 5, Ausfahrt 6 (Griesheimer Dreieck) in Richtung Darmstadt, dort Poststraße

Was muss ich sehen?

1 **Residenzschloss Darmstadt**

2 **Schloss Fechenbach** in Dieburg

3 **Grube Messel**

Wo tank ich auf?

Hofbiergarten, Erbacher Str. 98, Darmstadt

Rödehof - Biergarten & Gaststätte, Viehweg 22, Roßdorf

Minicafé am Marktplatz, Markt 16, Dieburg

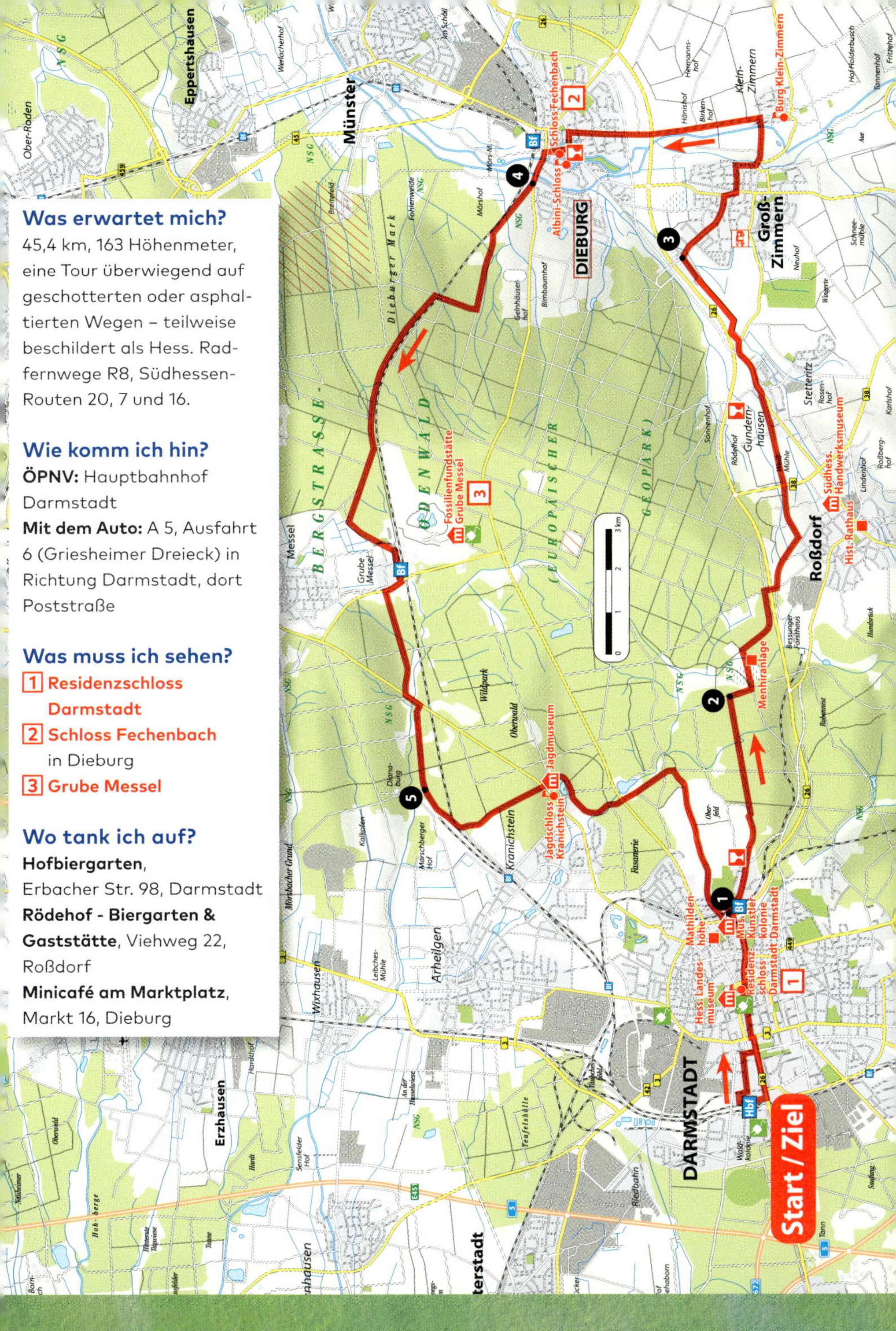

TOURSTART

Der Hauptbahnhof Darmstadt verfügt über Aufzüge – Sie müssen also Ihr E-Bike nicht über Treppen schleppen.

Sie starten am Hauptbahnhof Darmstadt und fahren in einem Rechtsbogen über die Poststraße und Goebelstraße links in die Mornewegstraße. An der T-Kreuzung biegen Sie nach rechts in den Steubenplatz und an der Kreuzung links in die Rheinstraße. Sie fahren geradeaus durch die Fußgängerzone über den Luisenplatz zum Residenzschloss.

Skelett eines Mastodons im Hessischen Landesmuseum

Das 1 **Residenzschloss Darmstadt** war der Wohn- und Verwaltungssitz der Landgrafen und von 1806 bis 1919 der Großherzöge von Hessen-Darmstadt. Als Hessen-Darmstadt 1806 dem Rheinbund beitrat, wurde das Schloss Sitz der Großherzöge von Darmstadt. Nach der Novemberrevolution 1918 wurde das Residenzschloss vom Volksstaat Hessen übernommen.

Bei einem Luftangriff der Royal Air Force in der Nacht vom 11./12. September 1944 wurde Darmstadt weitgehend zerstört. Das Schloss brannte bis auf die Außenmauern nieder. Nach dem Krieg wurde der äußere Zustand weitgehend detailgetreu wiederhergestellt. Das Schlossmuseum dokumentiert 250 Jahre höfisches Leben.

Das **Hessische Landesmuseum** gegenüber dem Schloss bietet unterschiedliche Dauerausstellungen, u. a. Fossilienfunde aus der Grube Messel und Werke von Joseph Beuys. Darmstadt galt vor dem Zweiten Weltkrieg als Zentrum des Jugendstils. Schmuck, Geräte und Möbel aus dieser Zeit sind ebenfalls im Museum zu sehen.

Nach den Kriegszerstörungen wurden die meisten Ruinen abgebrochen, bis auf wenige Ausnahmen fast alle historischen Bauwerke von kunstgeschichtlichem Wert.

Sie fahren rechts am Schloss vorbei, geradeaus in die Landgraf-Georg-Straße und radeln bis zum Badesee Großer Woog.

Das 58.600 m große Gewässer **Großer Woog** bietet auch vielen Wasservögeln, wie Stockenten, Blesshühner, Eisvögel und Graureiher einen Lebensraum. Der Woog wurde Mitte des 16. Jahrhunderts wahrscheinlich als Löschteich angelegt. Um das Jahr 1820 fand er erstmals als öffentlicher Badeteich Erwähnung.

Schloss Darmstadt

*Hier nehmen Sie auf der Südhessen-Route 20 den Weg durch die Parkanlage und biegen vor der Tennishalle nach links, überqueren die Landgraf-Georg-Straße und radeln links am Bahnhofs-Gebäude vorbei (**Wegepunkt** ❶) und über die Schienen zur Erbacher Straße, in die Sie nach rechts einbiegen. Wo nach 800 m die Erbacher Straße nach rechts abknickt, radeln Sie in Fahrtrichtung weiter auf der Route 20 in den Katharinenfalltorweg. Nach 700 m halten Sie sich an der Weggabelung rechts. Nun geht es 2 km durch ein Waldgebiet. Sie lenken dann an der Kreuzung nach rechts (**Wegepunkt** ❷) und nach 300 m nach links. Am Ende der Lichtung passieren Sie die Menhiranlage.*

Die **Menhiranlage** ist ein Kreis von 14 größeren Steinen aus Granitporphyr. Die Steinkreisanlage stammt aus der Jungsteinzeit (Mitte des 6. bis Ende des 3. Jahrtausends v. Chr.) und wurde erst 1966/1967 entdeckt.

Sie folgen der Route 20 rechts in ein Waldgebiet. Der Weg macht eine Linkskurve und nach 500 Metern können Sie die B 26 auf einer Brücke nach rechts überqueren. Sie halten sich anschließend links, streifen Roßdorf und biegen dann links ab nach Gundernhausen.

Bei einem Abstecher nach Roßdorf wäre das **Historische Rathaus** aus dem Jahr 1575 bemerkenswert. Im „Alten Bahnhof" stellt das **Südhessische Handwerksmuseum** historische Handwerksberufe mit entsprechenden Geräten und Werkzeugen vor. Auf dem Gleisfeld des ehemaligen Bahnhofs befindet sich eine Modelleisenbahn.

In Gundernhausen folgen Sie der Route 20 über den Alten Darmstädter Weg und an dessen Ende nach rechts in die Schulstraße und gleich nach links in die Hauptstraße. Sie radeln jetzt parallel zur B 26 nach Groß-Zimmern.

*Dort stoßen Sie an der T-Kreuzung auf die Waldstraße (**Wegepunkt ❸**), in die Sie nach rechts einbiegen. Am Kreisverkehr lenken Sie an der 2. Ausfahrt halbrechts in die Bertha-vonSuttner-Straße, links in die Angelstraße, nach 400 m rechts in die Lebrechtstraße, ein kurzes Stück links auf die Klein-Zimmerner-Straße und rechts in den Hans-Geiß-Weg. Hier verläuft parallel die Südhessen-Route 7. Am Ortsrand von Klein-Zimmern biegen Sie mit der Route 7 + 20 nach links in Richtung Dieburg.*

Bei einem Abstecher nach Klein-Zimmern ist die ehemalige **Burg Klein-Zimmern** bemerkenswert. Die frühere mittelalterliche Wasserburg muss schon um 1276 bestanden haben und sie wurde in den folgenden Jahrhunderten oftmals um-, über- und später schlossähnlich ausgebaut. Heute existieren davon noch zwei Flügel. 1864 gründete der Mainzer Bischof Wilhelm Emmanuel von Ketteler dort eine „St. Josephs-Knabenanstalt". Das St. Josephshaus ist heute eine sozialpädagogische Einrichtung mit Schule und Berufsausbildung.

Schloss Fechenbach

Die Route 20 knickt zwischen Klein-Zimmern und Dieburg nach rechts ab. Sie folgen nun weiter geradeaus der Route 7 nach Dieburg. Sie fahren geradeaus über einen Kreisverkehr am Ortseingang und einen weiteren nach 400 m und verlassen danach in einer Rechtskurve die Route 7 nach links in die Einbahnstraße (Altstadt). Sie folgen nun der Route 16 und biegen nach 300 m rechts in die Steinstraße.

Dieburg beeindruckt durch ihre zahlreichen **Fachwerkhäuser**.

An der Eulengasse, die westlich parallel zur Steinstraße verläuft, steht das **2 Schloss Fechenbach**. Der Bau geht auf den Sitz der vornehmen Burgmannenfamilie der Ulner von Dieburg zurück. Ein Renaissancebau, von dem nur noch Kellergewölbe vorhanden sind, wurde 1717 durch ein dreiflügeliges spätbarockes Schlösschen ersetzt und 1860/1861 im spätklassizistischen Stil ausgebaut. Heute ist in dem Gebäude das Museum Schloss Fechenbach mit einer Sammlung zur Archäologie und Volkskunde untergebracht. Vor allem die Römerzeit wird mit zahlreichen Fundstücken gut dokumentiert.

Westlich hinter Schloss Fechenbach befindet sich die **Burg Dieburg**, die in der Mitte des 12. Jahrhunderts von staufischen Ministerialen gegründet wurde. Von der Anlage sind noch ein Eckturm des Zwingers sowie Reste der Zwingermauern und das neuzeitliche „Albini-Schloss" erhalten. Der Schlossbau wurde in neuerer Zeit modern überformt und saniert. Heute beherbergt er eine Wohnanlage und ein Restaurant.

*Sie radeln weiter geradeaus durch die Steinstraße, lenken links in die Darmstädter Straße und radeln 400 m weiter. Sie folgen dem straßenbegleitenden Radweg weg von der Darmstädter Straße in den Messeler Weg (**Wegepunkt ❹**) und folgen der Beschilderung des Radweges 16.*

Sie streifen das **Naturschutzgebiet „Das große Hörmes bei Dieburg"**. Dieses bietet ausgedehnte Röhricht- und Seggenbestände, Feuchtwiesen, Streuwiesen und als Mähwiesen genutzte Bereiche. Als Pflanzenarten der Roten Liste wachsen hier Wollgras, Breitblättriges Knabenkraut, Prachtnelke und Bach-Nelkenwurz. Vogelarten wie Bekassine, Grauammer, Braunkehlchen, Wiesenpieper und Schafstelze haben hier ihr Brutgebiet.

Grube Messel

Auf dem Radweg 16 gelangen Sie nach Messel, dem Ort der 3 **Fossilienfundstätte Grube Messel**, die von der UNESCO 1995 wegen der hervorragenden Qualität der dort geborgenen Fossilien aus dem Eozän zum UNESCO-Welterbe erklärt wurde. Bislang wurden dort Vertreter aller Wirbeltiergroß-

Reisemobilstellplätze an oder nahe der Route

Wohnmobilstellplatz am Festplatz, Johannes-Ohl-Straße, Groß-Zimmern

E-Bike Ladestationen an oder nahe der Route

E-Bike Ladestation und Schließfächer, Im Carree, Darmstadt
E-Bike Ladestation, Robert-Bosch-Straße 7, Darmstadt
E-Bike Ladestation, Frankfurter Straße 110, Darmstadt
E-Bike-Ladestation UNESCO Weltnaturerbe Grube Messel, Roßdörfer Straße 108, Messel

gruppen sowie Insekten und Pflanzen gefunden. Die bekanntesten Vertreter der Messel-Fauna sind die beiden frühen Pferdeartigen Propalaeotherium und Eurohippus, von denen bislang über 70 Exemplare ausgegraben wurden. Weitere bedeutende Funde sind der Kranichvogel Messelornis cristata und Darwinius masillae („Ida"), ein früher Primat.

Die Grube Messel ist ein stillgelegter Ölschiefer-Tagebau, der in den 1970er Jahren als Standort einer zentralen Mülldeponie für Südhessen geplant wurde. Nach heftigen politischen Auseinandersetzungen wurde dieses Projekt erst 1988 endgültig aufgegeben, nachdem bereits 65 Millionen Mark dafür ausgegeben worden waren. 2022 wurde die Grube Messel von der International Union of Geological Sciences (IUGS) in die Liste der 100 geologisch bedeutendsten Orte der Welt aufgenommen.

Heute gibt es am Eingang der Grube ein Besucher-Informationszentrum. Im Ort zeigt das Fossilien- und Heimatmuseum Messel eine Ausstellung zu Fossilienfunden, der Bergbau-, Industrie- und Ortsgeschichte von Messel. Das Museum befindet sich im ehemaligen Schulhaus der Gemeinde, das 1785 errichtet wurde.

*Unsere Tour führt weiter auf dem Radweg 16 durch ein ausgedehntes Waldgebiet, bis Sie nach 3,2 km auf den Hess. Radfernweg R 8 stoßen, dem Sie geradeaus weiter folgen (**Wegepunkt ❺**). Sie radeln auf dem R 8 später über 3 km durch den Kranichsteiner Wald.*

Das ausgedehnte **Waldgebiet Kranichsteiner Wald** wurde von den Landgrafen und späteren Großherzögen von Hessen-Darmstadt für die Jagd genutzt. Es ist überwiegend mit Laubwald, vor allem Buchen, bewachsen. Es gehört zum Naturschutzgebiet „Kranichsteiner Wald mit Hegbachaue, Mörsbacher Grund und Silzwiesen" das einen Lebensraum für zahlreiche seltene und bedrohte Arten bietet.

Sie überqueren die Kranichsteiner Straße. Rechter Hand an der Straße steht das **Jagdschloss Kranichstein**. Es wurde ab 1578 für Landgraf Georg I. von Hessen-Darmstadt als dreiflügeliger Renaissancebau errichtet. Heute beherbergt die Anlage noch immer ein **Jagdmuseum** und ein Vier-Sterne-Hotel.

Das Museum bietet im Erdgeschoss einen Überblick über die Geschichte der Jagd von den Anfängen bis in

Jagdschloss Kranichstein

die Barockzeit. Schwerpunkte sind dabei die höfische Repräsentation und die Jagdmethoden im 18. Jahrhundert sowie eine umfangreiche Waffensammlung. Im Obergeschoss werden die höfischen Repräsentationsräume in ihrer barocken Pracht sowie Trophäen, vor allem Geweihe erlegter Hirsche gezeigt.

Auf dem Radweg R 8 radeln Sie in einem weiten Bogen nach Darmstadt.

Wenn Sie auf dem Seitersweg die Bahnlinie überquert haben, lohnt sich ein kleiner Abstecher nach rechts zur wenige hundert Meter entfernten **Mathildenhöhe**, die seit 2021 zum UNESCO-Weltkulturerbe zählt.

Das **Museum Künstlerkolonie Darmstadt** im Ernst-Ludwig-Haus erinnert an die Zeit, als Darmstadt ab 1899 Darmstadt den Ruf eines „Zentrum des Jugendstils" genoss. Das Museum zeigt die Geschichte der Darmstädter Künstlergemeinschaft von 1899 bis 1914 und das künstlerische Schaffen ihrer Mitglieder. Werke sind die von ihnen entworfenen Gegenstände des täglichen Gebrauchs, aber auch anderes aus der Kunst des Jugendstils.

Auf dem Radweg R 8 gelangen Sie wieder zum Badesee Großer Woog. Hier lenken Sie nach rechts und radeln über die Landgraf-Georg-Straße den Beschilderungen des Radwegs 20 folgend, zurück zum Hauptbahnhof Darmstadt, Ihrem Ausgangspunkt.

Schloss Alzey

Tour 23 Länge 65 km

AUF SPUREN DER GESCHICHTE DURCH DEN WONNEGAU

Eine Rundtour von Worms über Osthofen und Alzey

Eine lange und sehr abwechslungsreiche Entdeckungstour mit reichlich Steigungen durch die Heimat der Nibelungen und des Weinbaus.

Was erwartet mich?

65 km, 356 Höhenmeter, eine Tour überwiegend auf asphaltierten oder geschotterten Wegen – teilweise beschildert als Rheinradweg, Mühlenradweg, Selztalradweg und Zellertal-Radweg.

Wie komm ich hin?

ÖPNV: Hauptbahnhof Worms

Mit dem Auto: A 61, Abfahrt 58 (Worms), weiter über die B 47 in Richtung Innenstadt, dort Bahnhofstraße.

Was muss ich sehen?

1 **Gedenkstätte KZ Osthofen**

2 **Dinotherium-Museum** in Eppelsheim

3 **Jüdischer Friedhof** in Worms

Wo tank ich auf?

Restaurant Rheinperle, Am Fahrt 1, Worms

Landhotel Zum Schwanen, Friedrich-Ebert-Straße 40, Osthofen

Brauhaus Zwölf Apostel, Alzeyer Str. 31, Worms

Kartentipp: **ADFC Regionalkarte Rheinhessen**

TOURSTART

Der Hauptbahnhof Worms verfügt über Aufzüge.

*Sie starten nach links in die Bahnhofstraße. Am Kreisverkehr biegen Sie links in die Gaustraße, die nächste halbrechts in die Bensheimer Straße und links in den Ahornweg (**Wegepunkt ❶**). An dessen Ende lenken Sie nach links, unterqueren die Bahnlinie und biegen hinter der Brücke rechts in die Straße „Am Holzhof". Sie stoßen auf die Mainzer Straße, biegen nach rechts und sofort links in die Straße „Am Pfaffenwinkel". Sie befinden sich nun auf dem Rheinradweg, der zum Flussufer und links weiter (**Wegepunkt ❷**) am Wasser entlang führt.*

*Im Wormser Ortsteil Rheindürkheim verlassen Sie den Rheinradweg und lenken hinter dem Parkplatz (**Wegepunkt ❸**) links in die Kirchstraße.*

Das barocke **Rathaus** in Rheindürkheim aus dem Jahr 1732 und die ebenfalls barocke **Simultankirche St. Peter** prägen den historischen Ortskern. In der Kirche halten sowohl die evangelische als auch die katholische Kirchengemeinde ihre Gottesdienste ab.

Der Mühlenradweg führt Sie nun weiter nach Osthofen.

Gedenkstätte KZ Osthofen

In die Literatur ging Osthofen ein durch das [1] **KZ Osthofen**, das den Schauplatz von Anna Seghers' Roman „Das siebte Kreuz" bildete. Seghers nannte in ihrem Roman das KZ „Westhofen" und beschrieb auf

der Grundlage von Zeitungs- und Zeitzeugenberichten von Emigranten auch Szenen, die sich im KZ Sachsenhausen abgespielt hatten.

Auf Anregung ehemaliger Häftlinge wurde das Gelände sowie die Gebäude des ehemaligen KZ am Ziegelhüttenweg 38 als Gedenkstätte KZ Osthofen eingerichtet. Neben einer Dauerausstellung gibt es auch zahlreiche Sonderausstellungen.

Sie radeln auf dem Mühlenradweg weiter nach Westhofen. Die Schilder des Mühlenradwegs führen Sie durch den Ort und an der Seebachquelle vorbei.

Rechterhand liegt der **Markt** mit schönen Fachwerkhäusern aus dem 18. und 19. Jahrhundert.

Nach links über die Ohligstraße radeln Sie weiter auf dem Mühlenradweg nach Eppelsheim.

In Eppelsheim zeigt das 2 **Dinotherium-Museum** Originalfunde fossiler Säugetiere aus etwa zehn Millionen Jahre alten Ablagerungen des Ur-Rheins bei Eppelsheim. Diese Ablagerungen werden als Dinotheriensande bezeichnet, weil sie oft Zähne und Knochen des ausgestorbenen Rüsseltieres Dinotherium enthalten. Eine besondere Attraktion im Museum ist der Abguss eines Dinotherium-Schädels, der 1835 bei Eppelsheim entdeckt wurde. Bei Eppelsheim wurde 1820 auch erstmals ein fossiler Menschenaffe (Paidopithex rhenanus) gefunden. Noch heute unternimmt das Naturhistorische Museum in Mainz in der Umgebung von Eppelsheim Grabungen in den Dinotheriensanden.

Dinotherium giganteum

Sehenswert in Eppelsheim ist ferner der **Dalberger Turm** in der Gau-Heppenheimer Straße 20-22. Er wurde von den Wormser Kämmerern Dalberg um 1500 als mächtiger Wehr- und Wohnturm für das Domstift Worms errichtet. Das Bauwerk ist ganz aus Bruchsteinen (Kalksteinen) gemauert und hat eine Grundfläche von etwa 10 m × 10 m. Über dem Erdgeschoss erheben sich fünf Obergeschosse. Der Turm befindet sich heute im Privatbesitz.

*Von Eppelsheim folgen Sie weiter den Schildern des Mühlenradwegs in Richtung Alzey. Am Ortseingang von Dautenheim lenken Sie nach links in die Weidasserstraße (**Wegepunkt** ❹), die nach Alzey führt. Nachdem*

Reisemobilstellplätze an oder nahe der Route

Wohnmobilstellplatz am Rhein, Kastanienallee, Worms
Wohnmobilstellplatz an der Wonnegauhalle, Wonnegaustraße 1, Osthofen
Wohnmobilstellplatz am Sommerried-Stadion, Herrnsheimer Straße, Osthofen
Wohnmobilstellplatz am Römerkastell, Römerstraße 35, Alzey
Wohnmobilstellplatz Vinothek und Hofladen Holz-Liebrich, Hofgut Holz 1, Monsheim

E-Bike Ladestationen an oder nahe der Route

E-Bike Ladestation, Lutherring 5, Worms
E-Bike Ladestation, Marktplatz, Worms
E-Bike Ladestation am Nibelungenmuseum, Fischerpförtchen 10, Worms
E-Bike Ladestation, Eduard-Paret-Straße 25, Worms (Rheindürkheim)
Rad-Service-Station und E-Bike Ladestation am Bahnhof, Friedrich-Ebert-Str. 31-33, Osthofen
E-Bike Ladestation, Mainzer Straße 5, Alzey
Rad-Service-Station und E-Bike Ladestation am Bahnhof, Bahnhofstraße 28, Monsheim

*Sie die Rheinhessen-Klinik passiert haben, biegen Sie in die zweite Straße nach rechts, die Pfalzgrafenstraße, und nach 500 m links in die Gartenstraße (**Wegepunkt ❺**). Hier befinden Sie sich auf dem „Selztalradweg". Nach weiteren 500 m lenken Sie rechts in die Nibelungenstraße (B 271), gleich darauf links in die Ostdeutsche Straße und erneut links „Am Schlosspark", die zum Alzeyer Schloss führt.*

Das **Alzeyer Schloss** ist vermutlich aus einer staufischen Reichsburg hervorgegangen und wurde im 16. Jahrhundert zum Schloss ausgebaut. Im Pfälzischen Erbfolgekrieg wurde es zerstört und erst um 1905 vom Großherzogtum Hessen nach historischen Bildern wieder aufgebaut. Heute ist in dem Gebäude das Amtsgericht von Alzey sowie das Mädcheninternat des Alzeyer Aufbau- und Kunstgymnasiums untergebracht.

Die **Altstadt** von Alzey liegt etwas südlich der hier beschriebenen Route. Ihr Mittelpunkt ist der Rossmarkt mit dem Bronzepferd des Künstlers Gernot Rumpf. Eine Skulptur der Undine von Karlheinz Oswald steht auf dem Fischmarkt vor dem alten Rathaus.

Die evangelische **Nikolaikirche** steht am Obermarkt. Die spätgotische dreischiffige Hallenkirche wurde 1499 fertiggestellt. Beeindruckend ist die um 1430 entstandene Grablegungsgruppe im Eingangsbereich. Bei der jüngsten Renovierung zwischen 2018 und 2020 wurde in der Kirche ein modernes Licht/Raumkonzept umgesetzt, das die Helligkeit und Weite des gotischen Kirchenraumes betont.

Sie radeln vom Schloss aus durch die Schlossgasse ins Stadtzentrum und lenken an deren Ende nach rechts in die Wilhelmstraße. An deren Ende stoßen Sie wieder auf den Selztalradweg, dem Sie nach links folgen.

*Über die Spießgasse gelangen Sie in Fahrtrichtung hinter der Bahnlinie (**Wegepunkt ❻**) auf die Weinheimer Landstraße. Direkt hinter der Brücke lenken Sie links auf die Ebertstraße. Nach 700 m stoßen Sie auf die Kaiserstraße (**Wegepunkt ❼**), in die Sie rechts einbiegen, um nach 100 m nach links auf den Radweg zu lenken, der durch den Wald und weiter nach Kettenheim führt. Im Ort biegen Sie an der T-Kreuzung rechts in die Kirchgasse.*

In Kettenheim passieren Sie das **Rathaus** aus dem Jahr 1686 mit reich geschnitztem Fachwerk.

Jüdischer Friedhof in Worms

*Sie radeln weiter in Richtung Wahlheim und lenken am Ortseingang nach links in Richtung Esselborn. Vor dem ersten Haus fahren Sie rechts (**Wegepunkt ❽**) durch die Felder Richtung Süden. Nach 3 km stoßen Sie auf die Landstraße L 386, in die Sie nach links in Richtung Flomborn einbiegen. Vor dem Ort lenken Sie an einer T-Kreuzung (**Wegepunkt ❾**) nach rechts und fahren – östlich an Ober-Flörsheim vorbei – 4,6 km Richtung Süden nach Mölsheim. Dort stoßen Sie auf die Kreisstraße nach Wachenheim. Vor diesem Ort stoßen Sie auf den Zellertal-Radweg, dem Sie in einem Linksbogen nach Monsheim folgen.*

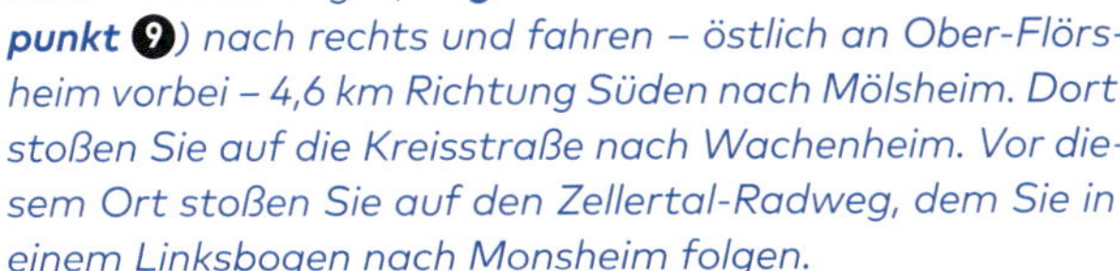

Am Ortseingang von Monsheim passieren Sie das **Schloss**. Die ehemalige, 1386 erstmals erwähnte Wasserburg wurde ab etwa 1550 neu errichtet und im 17. Jahrhundert zu einem Renaissance-Herrenhaus der Herren von Wachenheim umgestaltet. Im Schlosshof steht der „Monsheimer Hinkelstein", ein Menhir vermutlich aus der Jungsteinzeit.

Sie radeln weiter auf dem Zellertal-Radweg nach Worms.

Im Ortsteil Hochheim streifen Sie den **Karl-Bittel-Park**. Der Park entstand 1897/98 auf Initiative des Schuhfabrikanten Karl Bittel, der im Westen von Worms ein Villen-Viertel entwickeln wollte. Die Arbeiten, bei denen 14.000 m³ Erdreich bewegt wurden, dauerten bis 1908.

In Worms folgen Sie dem Zellertal-Radweg in Richtung Stadtzentrum. Nach Unterquerung der Bahnlinie lenken Sie rechts in die Gaustraße und vor dem Kreisverkehr nach rechts zum Hauptbahnhof, Ihrem Ausgangspunkt.

Nehmen Sie sich anschließend noch ausreichend Zeit für eine Besichtigung der Stadt Worms und vor allem des **3 Jüdischen Friedhofs**. Weitere Informationen finden Sie im **Stadtporträt Worms** (Seite 204).

WORMS

Die von den Kelten noch in vorrömischer Zeit gegründete Stadt gehört zu den ältesten Deutschlands.

Bekannt wurde Worms als Nibelungenstadt und wegen Luthers Auftritt vor dem Reichstag 1521. Der Dom gehört neben den Kirchen in Mainz und Speyer zu den drei romanischen Kaiserdomen. Obendrein war Worms ein bedeutendes Zentrum aschkenasisch-jüdischer Kultur in Deutschland.

Durch zwei alliierte Bombenangriffe am 21. Februar und 18. März 1945 wurde die Stadt weitgehend zerstört.

Der auf dem höchsten Punkt der Innenstadt gelegene **Dom St. Peter** wurde im Wesentlichen von 1130 bis 1181 im spätromanischen Baustil erbaut. Er ist kleiner und schlanker als die Kaiserdome in Mainz und Speyer. Chorpartien, Querhaus und Türme sind reich verziert. Licht erhält der Westchor durch mehrere Rosettenfenster.

Jüdischer Friedhof „Heiliger Sand"

Im Pfälzischen Erbfolgekrieg verwüsteten 1689 die Truppen des französischen Königs Ludwig XIV. Worms und weitere Städte. Der Dom brannte völlig aus und die Gewölbe stürzten großteils ein. Ab 1698 wurde der Dom wiederhergestellt und durch barocke Elemente, wie den Hochaltar des Würzburger Baumeisters Balthasar Neumann ergänzt. Ende 1792 eroberten französische Revolutionstruppen Worms. Der Dom diente ihnen als Pferdestall und Lagerhalle. Zwischen 1818 und 1830 wurde der Kreuzgang abgerissen und seine Steine versteigert.

Die jüdische Gemeinde war im Mittelalter und in der frühen Neuzeit eine der bedeutendsten im Heiligen Römischen Reich. Ab etwa 960 in Worms belegt, genossen die jüdischen Kaufleute in Worms, die besonders im

Kaiserdom

Fernhandel tätig waren, seit dem 11. Jahrhundert kaiserliche Zollfreiheiten. In Worms entstand eine berühmte Talmudschule. Eine Synagoge wurde 1034 eingeweiht, der noch erhaltene **jüdische Friedhof „Heiliger Sand"** besteht als ältester in Europa seit 1058/59.

Die erste nachweisbare **Synagoge** in Worms wurde 1034 erbaut, wie in einer Stifterinschrift aus dem 12. Jahrhundert neben dem Eingang zur Männersynagoge zu lesen ist. Dieses Gebäude wurde während der Judenverfolgungen 1096 und 1146 beschädigt. Ein Neubau der Synagoge wurde 1174/75 im romanischen Stil der Wormser Dombauhütte errichtet.

1185/86 wurde südwestlich der Synagoge die unterirdische Mikwe (das Ritualbad) angelegt.

Während der Judenverfolgungen 1349 wurde die Synagoge erneut stark beschädigt. Beim Wiederaufbau nach 1355 wurden gotische Formen für die Fenster und das Deckengewölbe gewählt. Bei einem weiteren Pogrom von 1615 wurde die Talmud-Schule zerstört und die Deckengewölbe und Wände der Synagoge erneut schwer beschädigt. Von 1616 bis 1620 erfolgte der letzte Ausbau der Synagoge. 1623/24 entstand das so genannte Raschi-Lehrhaus als Jeschiwa.

Die Synagoge war Mittelpunkt des jüdischen Viertels und das zentrale Bauwerk eines Ensembles jüdischer Kultbauten, das aus Männer- und Frauensynagoge, dem Talmud-Lehrhaus, der Mikwe und dem Synagogengarten besteht. Benachbart liegen das ehemalige Gemeindehaus der jüdischen Gemeinde, das

Haus zur Sonne, und das **Raschi-Haus**, das auf den Kellern des ehemaligen Tanzhauses errichtet wurde.

Während der Pogromnacht 1938 wurde die Wormser Synagoge in Brand gesteckt. Die noch erhaltenen Mauern wurden im Anschluss zum Einsturz gebracht. Schließlich standen nur noch wenige Mauerreste in geringer Höhe. Der Wiederaufbau begann 1956/57 so weit wie möglich als Rekonstruktion mit noch vorhanden Teilen des Gebäudes.

Luther-Denkmal

Das **Jüdische Museum** im Raschi-Haus dokumentiert mit der Ausstellung „SchUM am Rhein – Vom Mittelalter in die Moderne" die Geschichte des jüdischen Gemeindebundes SchUM, den die Städte Worms, Speyer und Mainz bildeten. Der Name setzte sich aus den Anfangsbuchstaben der hebräischen Städtenamen zusammen, deren Blütezeit zwischen dem 10. und 13. Jahrhundert lag. Die bedeutenden SchUM-Stätten hat die UNESCO zum Welterbe ernannt.

Unverzichtbar bei einem Besuch von Worms ist ein Besuch des **jüdischen Friedhofs „Heiliger Sand"** mit seinen rund 2500 Grabsteinen, von denen rund 600 aus dem Mittelalter stammen. Besonders beeindruckend ist die als „Martin-Buber-Blick" ausgewiesene Stelle, die einen guten Überblick auf den älteren Teil des Friedhofs zum Wormser Dom gewährt.

Das **Lutherdenkmal** erinnert an Luthers Rolle auf dem Reichstag zu Worms von 1521, als er vor Kaiser Karl V. seine Thesen verteidigte. Luther wird von elf weitere Statuen umgeben, darunter die sächsischen Kurfürsten Johann der Beständige und Friedrich der Großmütige, die Reformatoren Johannes Calvin, Ulrich Zwingli und Johann Bugenhagen. Als Vorläufer der Reformation werden Petrus Waldus, John Wyclif, Jan Hus und Girolamo Savonarola geehrt.

Heppenheim

Tour 24

Länge 57 km

ZU NIBELUNGEN, KAROLINGERN UND REVOLUTIONÄREN

Eine Rundtour von Worms über Bürstadt, Lorsch, Heppenheim und Lampertheim

Eine reizvolle, ebene Tour zu den Weltkulturerbe-Städten Worm und Lorsch und durch eine Landschaft ehemaligen Tabakanbaus.

Was erwartet mich?

57,3 km, 58 Höhenmeter, eine Tour überwiegend auf asphaltierten Wegen und kleinen Straßen – beschildert als Hess. Radfernwege R9, Bergstraße, R8 und Rheinradweg bzw. R6.

Wie komm ich hin?

ÖPNV: Hauptbahnhof Worms

Mit dem Auto: A 61, Abfahrt 58 (Worms), weiter über die B 47 in Richtung Innenstadt, dort Bahnhofstraße.

Was muss ich sehen?

1 Lutherdenkmal und Jüdischer Friedhof in Worms

2 Kloster Lorsch

3 Kurmainzer Amtshof in Heppenheim

Wo tank ich auf?

Restaurant Rheinperle, Am Fahrt 1, Worms

Back und Brauhaus Drayß, Bahnhofstraße 1, Lorsch

Halber Mond, Ludwigstraße 5, Heppenheim

Kartentipp: **ADFC Regionalkarte Region Rhein/Neckar**

TOURSTART

Der Hauptbahnhof in Worms verfügt über Aufzüge.

Sie starten vom Bahnhof nach rechts und dann in die zweite Straße nach links, die Kriemhildenstraße. Am Kreisverkehr halten Sie sich links und gelangen an die Grünfläche des Lutherrings.

Linker Hand steht das 1 **Lutherdenkmal**, das an Luthers Rolle auf dem Reichstag zu Worms von 1521 erinnert, als er vor Kaiser Karl V. seine Thesen verteidigte. Luther wird von elf weiteren Statuen umgeben, darunter die sächsischen Kurfürsten Johann der Beständige und Friedrich der Großmütige, die Reformatoren Johannes Calvin, Ulrich Zwingli und Johann Bugenhagen. Als Vorläufer der Reformation werden Petrus Waldus, John Wyclif, Jan Hus und Girolamo Savonarola geehrt.

Rechter Hand erinnert seit 1950 ein Mahnmal an die Opfer des Faschismus.

Sie überqueren den Lutherring und radeln durch die Stephansgasse und die Petersstraße zur Ludwigsstraße, in die Sie nach links einbiegen. Sie befinden sich nun auf der Hiwwel-Route, der Sie rechts in die Rheinstraße folgen, um geradeaus über die Nibelungenbrücke über den Fluss zu setzen.

Nibelungenturm in Worms

Die **Nibelungenbrücke** ist die einzige Straßenbrücke zwischen Mannheim im Süden und Mainz im Norden. Ein Fährbetrieb bei Worms ist seit 858 belegt. Die erste Rheinbrücke an dieser Stelle war eine ab 1897 erbaute und am 26. März 1900 eingeweihte Stahlfachwerk-Bogenbrücke, für die bis Ende der 1920er Jahre Brückenzoll erhoben wurde. Dafür waren in den Brückentürmen Kassenstuben eingerichtet. Am 20. März 1945 wurde die Brücke von der zurückziehenden Wehrmacht gesprengt. Die heutige, insgesamt 744 m lange Straßenbrücke wurde zwischen Mai 1951 und April 1953 errichtet und zwischen 2005 und 2008 durch einen Neubau erweitert. Die Brücke aus den 1950er Jahren soll ab 2025 neu entstehen, wobei die älteren Rampen und der Nibelungenturm erhalten bleiben sollen.

Als **Nibelungenturm** wird der 53 m hohe Torturm der Nibelungenbrücke auf dem linksrheinischen Ufer bezeichnet. Ursprünglich wurde er als Wohnraum genutzt, seit 1976 dient er als Herberge für Pfadfinder.

Luther-Denkmal in Worms

Sie folgen auf dem gegenüberliegenden Ufer dem Hess. Radfernweg R9 nach Bürstadt.

Auf dem Gemeindegebiet von Bürstadt findet sich ein **Menhir** aus der späten Jungsteinzeit. Grabhügel in den Wäldern bargen Funde aus der Hallstattzeit. Andere Funde stammen aus der frühen Latènezeit und auch Reste einer römischen Siedlung wurden ausgegraben. Im frühen Mittelalter lag Bürstadt mit einem karolingischen Königshof auf halbem Weg zwischen der auf Nibelungenstadt Worms und der Reichsabtei Lorsch.

Sehenswert in Bürstadt ist das 1608 erbaute **historische Rathaus**. Ein privates Heimatmuseum zeigt eine ehemalige Schreinerwerkstatt, die um 1845 gebaut wurde mit alten Maschinen und Werkzeugen. Auch eine Sammlung von mehr als 50 Musikinstrumenten ist zu bewundern.

*Sie radeln weiter auf dem R9 durch den Bürstädter Wald nach Lorsch. Vor dem Bahnhof Lorsch lenken Sie nach rechts in die Rheinstraße und parallel zu den Schienen links in die Lindenstraße (**Wegepunkt ❶**). An deren Ende biegen Sie nach rechts in die Bahnhofstraße und folgen weiter der Beschilderung des Radweges Bergstraße zu den UNESCO Weltkulturerbestätten.*

In Lorsch sind die beiden UNESCO-Weltkulturerbestätten „Kloster Lorsch und Altenmünster" zu besichtigen. 1991 wurde das **Kloster Lorsch** zusammen mit den übrigen Gebäuden und archäologischen Überresten des nahe gelegenen **Klosters Altenmünster** als UNESCO-Welterbe anerkannt.

Karolingische Torhalle des Klosters Lorsch

Das 2 **Kloster Lorsch** wurde 764 von Graf Cancor gegründet. 773 schenkte Karl der Große die Stadt Heppenheim mitsamt Umgebung der Reichsabtei Lorsch. Während des Dreißigjährigen Krieges brannten spanische Truppen 1621 das Kloster nieder und es diente jahrzehntelang als Steinbruch. Lediglich die Torhalle (auch als „Königshalle" bezeichnet) des Klosters blieb unversehrt. Sie ist einer der ältesten vollständig erhaltenen Steinbauten Deutschlands der nachrömischen Zeit und vermittelt heute einen Eindruck von der karolingischen Architektur.

Das **Klostermuseum** dokumentiert die Geschichte der Abtei Lorsch und darüber hinaus die Geschichte des karolingischen Reiches. Gezeigt werden verschiedene Repliken, wie das am Hof Karls des Großen entstandene, prachtvoll ausgestattete Lorscher Evangeliar und der Lorscher Rotulus, eine Heiligenlitanei und zugleich die älteste liturgische Buchrolle des Abendlandes.

Das historische **Rathaus** in Lorsch wurde zwischen 1714 und 1715 nach Vorlage des Heppenheimer Rathauses erbaut. Auf seinem Erdgeschoss aus Sandstein steht ein zweigeschossiger Fachwerkbau mit feingegliederten Erkern an den beiden Seiten der Hauptfassade. Ein weiterer Erker in der Mitte trägt einen Turm mit Doppelhaube.

Am Marktplatz steht auch das „**Wamsler'sche Haus**", ein mächtiger Fachwerkbau mit Mansarddach. Das älteste Lorscher Gasthaus, das „Weiße Kreuz" steht an der Stelle der ehemaligen Klosterherberge. Das Gasthaus wurde bereits 1563 erstmals erwähnt. Sein Obergeschoss und der Giebel sind in geschmücktem Fachwerk ausgeführt. Das Wirtshausschild stammt aus dem 18. Jahrhundert.

Ein **Tabakmuseum** ist dem seit dem Dreißigjährigen Krieg betriebenen Tabakanbau und der Tabakverarbeitung in Südhessen sowie dem Tabakkonsum gewidmet. Gezeigt werden auch Tabakdosen, Tabaktöpfe und Pfeifen.

Der Radweg Bergstraße führt Sie weiter nach Heppenheim.

Die Stadt Heppenheim (Bergstraße) blickt auf eine bewegte Geschichte zurück. Erstmals schriftlich erwähnt wurde sie 755, 1318 erhielt sie das Stadtrecht.

Die „Heppenheimer Versammlung", ein Treffen führender Liberaler am 10. Oktober 1847, bildete den Auftakt der deutschen Revolution der Jahre 1848/49. Am 30. Mai 1849 kam es zum Heppenheimer Gefecht zwischen der badisch-pfälzischen Revolutionsarmee, die zur Verteidigung des Paulskirchenparlaments nach Frankfurt ziehen wollte, und dem hessischem Militär. Der FDP-Gründungsparteitag 1948 fand unter Bezugnahme auf die Heppenheimer Versammlung von 1847 in Heppenheim statt.

Sehenswert in Heppenheim ist das **Rathaus**. Ein Vorgängerbau von 1551 wurde 1693 im Pfälzischen Erbfolgekrieg bis auf das Erdgeschoss zerstört. 1705/06 wurden darauf zwei Geschosse aus Holzfachwerk aufgestockt.

Der 3 **Kurmainzer Amtshof** in der Amtsgasse 5 wurde im späten 14. Jahrhundert in Form eines Fünfecks aus Bruchstein und Fachwerk spätgotisch errichtet. Aus dem 15. Jahrhundert stammen Wandmalereien im Obergeschoss mit Engeln die Wappen halten. Im Kapellen-Chor sind Engel mit Musikinstrumenten dargestellt. Am 11. und 12. Dezember 1948 wurde hier die FDP gegründet. Heute werden die Gebäude überwiegend von der Winzergenossenschaft genutzt. Im östlichen Teil zeigt das städtische Museum unter anderem originale Exponate von der Gründung der FDP.

Rathaus Heppenheim

Oberhalb des Amtshofs erhebt sich die **Burgruine Starkenburg** auf dem 295 Meter hohen Schlossberg. Die Burg wurde im Jahre 1065 zum Schutz des Klosters Lorsch errichtet und deckte als zweitstärkste Festung des Kurfürstentums Mainz die Mainzer Bergstraße ab.

Reisemobilstellplätze an oder nahe der Route

Wohnmobilstellplatz am Rhein, Kastanienallee, Worms

Wohnmobilstellplatz Lorsch, Odenwaldallee 1, Lorsch

Wohnmobilstellplatz an den Biedensand-Bädern, Rheinstraße 90, Lampertheim

E-Bike Ladestationen an oder nahe der Route

E-Bike Ladestation, Lutherring 5, Worms

E-Bike Ladestation, Marktplatz, Worms

E-Bike Ladestation am Nibelungenmuseum, Fischerpförtchen 10, Worms

E-Bike Ladestation am Bahnhof, Bahnhofsallee 17, Bürstadt

E-Bike Ladestation am Marktplatz, Wilhelminenstraße 14, Bürstadt

E-Bike Ladestation am Rathaus, Rathausstraße 2, Bürstadt

E-Bike Ladestation am Waldschwimmbad, Wasserwerkstraße 2, Bürstadt

E-Bike-Ladestation Bauhaus-Parkplatz, Tiergartenstraße 7, Heppenheim

E-Bike Ladestation am Rathaus, Untere Straße 2, Laudenbach

E-Bike-Ladestation Haus am Römer, Römerstraße 102, Lampertheim

Das sehenswerte **Arboretum** zählt mehr als 200 Bäume, darunter zahlreiche exotische Arten. Wegen des milden Klimas und der nährstoffreichen Böden an der Bergstraße erreichen die Bäume Höhen von rund 20 Metern und Kronendurchmesser von bis zu 30 Metern.

Von Heppenheim radeln Sie weiter auf dem Radweg Bergstraße nach Laudenbach.

Der spätgotische Bau der alten **Dorfkirche** in Laudenbach stammt ursprünglich aus der Zeit um 1500. Die Kirche wurde in den folgenden Jahrhunderten mehrmals umgebaut und erweitert. Zwischen 1653 und 1935 wurde sie von Katholiken und Protestanten gemeinsam genutzt.

*Sie verlassen Laudenbach auf dem Radweg Bergstraße über die Dr.-Werner-Freyberg-Straße (**Wegepunkt ❷**), lenken aber nach 3,3 km hinter der Weschnitzsiedlung nach rechts (**Wegepunkt ❸**) auf die Landstraße nach Hüttenfeld.*

Der Ortskern von Hüttenfeld steht unter Denkmalschutz. **Schloss Rennhof** ließ 1853 der Frankfurter Bankier Baron von Rothschild errichten. Es beherbergt heute das litauische Gymnasium der „Litauischen Gemeinschaft in Deutschland e. V.", einer Gesellschaft, die 1950 aus dem 1946 gegründeten Litauischen Vertriebenenverband entstand.

Sie radeln weiter auf der Landstraße nach Neuschloß.

Neuschloß ist ein Stadtteil von Lampertheim. In der zweiten Hälfte des 15. Jahrhunderts wurde an der Kreuzung dreier wichtiger Straßen das kurpfälzische **Jagdschloss Friedrichsburg** erbaut, das aber während des Dreißigjährigen Krieges so stark zerstört wurde, dass es nicht wieder aufgebaut wurde. Nur der Wirtschafts- und Beamtenbau blieben als einzige Überreste der im ehemals prächtigen Anlage erhalten.

Von Neuschloß führt die Landstraße nach Lampertheim.

Lampertheim gehörte bis zum Jahr 1803 zwar zum Bistum Worms, war aber von 1386 bis 1705 an die

Lampertheimer Altrhein

Pfalzgrafen in Heidelberg bzw. Mannheim verpfändet. Die Kurfürsten Friedrich II., Ottheinrich und Friedrich III. von der Pfalz führten um 1540 in Lampertheim die Reformation ein. Nachdem im Jahre 1682 das römisch-katholische Bekenntnis in Lampertheim wieder zugelassen wurde, diente die **Andreaskirche** von Lampertheim beiden Konfessionen für Gottesdienste.

*In Lampertheim radeln Sie weiter in Fahrtrichtung bis zum Rhein. Dort stoßen Sie auf den Rheinradweg (**Wegepunkt** ❹), in den Sie nach rechts einbiegen, entlang des Lampertheimer Altrheins.*

Das **Lampertheimer Altrhein Naturschutzgebiet** ist mehr als fünf Quadratkilometer groß. Hier hatte sich der Rhein in früheren Zeiten mehrfach verzweigt. Es ist eine gemischte Auenlandschaft mit größeren Röhrichtbereichen, Auwaldresten, Auwiesen und freien Wasserflächen. Es ist ein Lebensraum vor allem für Vögel, Schmetterlinge, Frösche, Käfer und Insekten, aber auch für Hasen, Mäuse, Niederwild, Eichhörnchen, Siebenschläfer und Füchse.

Auf dem Rheinradweg gelangen Sie zurück zur Nibelungenbrücke, über die Sie wieder nach Worms radeln. Dort fahren Sie in Fahrtrichtung auf der Rheinstraße und an deren Ende nach rechts über den Rheintorplatz in die Wallstraße. An deren Ende lenken Sie links in den Berliner Ring und erreichen geradeaus in Fahrtrichtung den Hauptbahnhof, Ihren Ausgangspunkt.

Nehmen Sie sich anschließend noch ausreichend Zeit für eine Besichtigung der Stadt Worms und vor allem des 1 **Jüdischen Friedhofs**. Weitere Informationen finden Sie im **Stadtporträt Worms** (Seite 204).

Bensheim

IN DIE BERGSTRASSE

Eine Rundtour von Bensheim über Lorsch, Heppenheim und Auerbach

Eine kurze, aber ambitionierte Tour mit deutlichen Steigungen zum Weltkulturerbe in Lorsch und durch Naturschutzgebiete hoch in die Bergstraße.

Was erwartet mich?

33 km, 375 Höhenmeter, eine Tour auf asphaltierten oder geschotterten Wegen und auf kleinen Straßen – beschildert als Hess. Radfernwege R9 und Bergstraße.

Wie komm ich hin?

ÖPNV: Hauptbahnhof Bensheim

Mit dem Auto: A 5, Abfahrt 30 (Bensheim), weiter über die B 47 in Richtung Innenstadt, dort Bahnhofstraße.

Was muss ich sehen?

1. **Kloster Lorsch**
2. **Kurmainzer Amtshof** in Heppenheim
3. **Burgruine Schloss Auerbach**

Wo tank ich auf?

Back und Brauhaus Drayß, Bahnhofstraße 1, Lorsch

Halber Mond, Ludwigstraße 5, Heppenheim

Braustüb´l – Bensheim, Hauptstraße 62, Bensheim

Kartentipp: **ADFC Regionalkarte Region Rhein/Neckar**

TOURSTART

Der Bahnhof in Bensheim verfügt über Aufzüge.

Sie starten vom Bahnhof durch die Unterführung in die Bahnhofstraße bis zur Promenadenstraße, in die Sie rechts einbiegen und der Beschilderung des Radweges Bergstraße durch die Innenstadt folgen.

Nach knapp 250 m passieren Sie den **Rinnentorturm**, einen Überrest der mittelalterlichen Stadtbefestigungsanlage, die im 13. und 14. Jahrhundert errichtet wurde. Der Turm ist in gelbem Sandstein erbaut und bis etwa zur halben Höhe quadratisch aufgebaut.

*Nach weiteren 750 m folgen Sie dem Radweg Bergstraße nach rechts in die Weinheimer Straße (**Wegepunkt ❶**). An deren Ende überqueren Sie die B 3, unterqueren die Bahnlinie, biegen nach links auf den Radweg und halten sich an der Gabelung rechts. Sie bleiben damit weiterhin auf dem Radweg Bergstraße und umfahren ein Industriegebiet. Nachdem Sie links die A 5 unterquert haben, streifen Sie das Naturschutzgebiet Erlache.*

Rathaus in Lorsch

An diesem **Baggersee** wird seit mehr als 20 Jahren Kies abgebaut. Dabei wird zugleich streng auf die Rekultivierung geachtet. So entstanden durch gezielte Schüttungen von Abraum unterschiedliche Lebensräume von Trockengebieten am äußersten Rand, über ausgedehnte Sumpfgebiete bis hin zu Flachwasserzonen.

Zu den Vogelarten, die in diesem Gebiet nisten, gehören Rotmilan, Schwarzmilan, Pirol, Grau- und Grünspecht und Graureiher, Baumfalke, Kleinspecht, Kuckuck und Schwanzmeise. Seit 1986 gibt es an der Erlache eine Population von Kanadagänsen. Außerdem haben sich Nilgänse angesiedelt. Dazu kommen sporadisch weitere Gänsearten. Angler freuen sich über Aale, Barsch, Brassen, Hecht, Karpfen, Rotauge, Rotfeder, Schleie, Ukelei und Zander. Auch gibt es eine Biberkolonie.

*Sie radeln weiter auf dem Radweg Bergstraße nach Lorsch, biegen links in die Bahnhofstraße (**Wegepunkt ❷**) und erreichen links über die Nibelungenstraße die UNESCO-Weltkulturerbestätte.*

In Lorsch sind die beiden **UNESCO-Weltkulturerbestätten** 1 **„Kloster Lorsch** und Altenmünster" zu besichtigen. Die Torhalle des Klosters ist einer der ältesten vollständig erhaltenen Steinbauten Deutschlands der nachrömischen Zeit und vermittelt heute einen Eindruck von der karolingischen Architektur. Eine ausführliche Beschreibung der Sehenswürdigkeiten lesen Sie in Tour 24 (s. S. 212).

Sie radeln weiter auf dem Radweg Bergstraße nach Heppenheim.

Dabei streifen Sie das Naturschutzgebiet **„Weschnitzinsel von Lorsch"**. Diese Insel liegt zwischen der in zwei Kanälen verlaufenden Neuen und Alten Weschnitz. Der gesamte Bereich ist Teil eines Hochwasserpolders (Polder Lorsch), der bei Hochwassersituationen geflutet werden kann, um Siedlungen und die umgebende Landwirtschaft zu schützen.

Aussichtsturm auf der Weschnitzinsel

Künftig sollen die beiden Weschnitzarme renaturiert und die künstlichen Flussarme der Alten und Neuen Weschnitz zusammengeführt werden und wieder in ihrem alten Bett, frei durch ihre Aue mäandern können. Mit diesen Maßnahmen sollen die Fließgewässersituation, der Zustand der Gewässeraue und die Lebensbedingungen für viele Brut- und Rastvögel der offenen Auenlandschaften, entscheidend verbessert werden.

Früher besaß die Wiesenlandschaft einen hohen Grundwasserspiegel und wurde regelmäßig durch die beiden Weschnitzarme überschwemmt. In den 1960er Jahren wurde durch Begradigungen, Flussbettvertiefungen, Entwässerungen, Dämme und eine intensive

Nutzung der Grundwasservorräte als Trinkwasser der Grundwasserspiegel um etwa 2 m abgesenkt. So konnten weite Teile der Wiesenlandschaft landwirtschaftlich genutzt werden. Allerdings wurden dadurch auch viele Vogelarten von der Weschnitzinsel vertrieben. Ursprünglich brüteten in der Wiesenlandschaft bis zu 15 Brachvögelpaare, heute keines mehr. Auch Bekassine, Uferschnepfe, Sumpfohreule Braunkehlchen und die Viehstelze wurden vertrieben.

Sehenswert in Heppenheim ist das **Rathaus**. Ein Vorgängerbau von 1551 wurde 1693 im Pfälzischen Erbfolgekrieg bis auf das Erdgeschoss zerstört. 1705/06 wurden darauf zwei Geschosse aus Holzfachwerk aufgestockt. Der **2 Kurmainzer Amtshof** in der Amtsgasse 5 wurde im späten 14. Jahrhundert in Form eines Fünfecks aus Bruchstein und Fachwerk spätgotisch errichtet. Oberhalb des Amtshofs erhebt sich die **Burgruine Starkenburg** auf dem 295 Meter hohen Schlossberg. Eine ausführliche Beschreibung der Sehenswürdigkeiten lesen Sie in Tour 24 (s. S. 213).

*In Heppenheim knickt der Radweg Bergstraße von der Ernst-Schneider-Straße nach rechts ab in die Ludwigstraße. Hier verlassen Sie diesen Radweg und lenken stattdessen halblinks in die Darmstädter Straße (**Wegepunkt ❸**). Nach 700 m biegen Sie rechts in die Straße Hambacher Tal. Trotz der Straßenbezeichnung steigt die Straße hier deutlich an! Sie befinden sich nun auf dem Hess. Radfernwege R9.*

*Nach knapp 3 km verlassen Sie wieder den R9, lenken nach links (**Wegepunkt ❹**) auf den Radweg nach Zell und fahren weiter bergauf. Nach einer scharfen Rechtskurve geht es wieder bergab. Zell passieren Sie auf dieser Tour nur am äußeren östlichen Ortsrand. Sie lenken dort rechts in die Gronauer Straße (**Wegepunkt ❺**). Nach 1,9 km biegen Sie in der Ortschaft Klausenmühle scharf nach links in die Straße „Auf der Au" und radeln nach Wilmshausen. Dort stoßen Sie auf die Nibelungenstraße, auf der Sie rechts Elmshausen erreichen.*

In Elmshausen ist das ehemalige **Rathaus** erwähnenswert. Es wurde 1777 in Fachwerkbauweise errichtet.

Im Ortszentrum lenken Sie in die Hochstädter Straße und radeln nach Hochstädten. Dort stoßen Sie auf die Mühltalstraße, in die Sie links einbiegen.

Großer Markt in Heppenheim

Beiderseits der Straße reihen sich giebelständige **Fachwerkhäuser** aus dem 17. Jahrhundert. Besonders schön ist das Fachwerkhaus Mühltalstraße 269, geschmückt mit Mannfiguren und Andreaskreuz.

Sie radeln über die Mühltalstraße weiter nach Auerbach.

Das Mühltal hat seinen Namen von den sieben Mühlen, die zwischen Hochstädten und Auerbach an der Auer standen. Einige alte Fachwerkhäuser säumen den Straßenrand. Über dem alten Ortskern steht in beherrschender Lage die **Auerbacher Bergkirche** auf einer felsigen Anhöhe. Die wurde auch als Hofkirche genutzt.

Reisemobilstellplätze an oder nahe der Route

Wohnmobilstellplatz Lorsch, Odenwaldallee 1, Lorsch

Wohnmobilstellplatz am Gasthof Kuralpe, Kuralpe 2, Lautertal

E-Bike Ladestationen an oder nahe der Route

E-Bike-Ladestation Bauhaus-Parkplatz, Tiergartenstraße 7, Heppenheim

Südöstlich der Bergkirche erstreckt sich der **Staatspark Fürstenlager**, die um 1790 errichtete, ehemalige Sommerresidenz der Landgrafen und Großherzöge von Hessen-Darmstadt. In dem etwa 46 Hektar großen, um einen Mineralbrunnen angelegten Park befinden sich herrschaftliche Häuser, Denkmäler und Gartentempel. Der Park gehört zu den frühen englischen Gärten in Deutschland. Hier wachsen unter anderem 50 exotische Bäume und Sträucher, darunter einer der ältesten Riesenmammutbäume Deutschlands.

Die 3 **Burgruine Schloss Auerbach** östlich oberhalb des Ortes ist eine imposante Burg. Sie wurde im 13. Jahrhundert von der Grafschaft Katzenelnbogen errichtet. 1674, während des Französisch-Niederländischen Krieges, wurde die Burg von französischen Truppen erstürmt und in Brand gesteckt. 1693 verwüsteten erneut vor allem französische Truppen die Anlage. Später nutzten die Ortsbewohner die Burg als Steinbruch.

*Sie biegen vor dem Alten Rathaus von der Bachgasse nach rechts in die Weidgasse (**Wegepunkt** ❻) und fahren in einem weiten Linksbogen in die Schlossstraße und lenken dann nach rechts in die Karlsbader Straße. Am Ende stoßen Sie an die Darmstädter Straße (B 3) und radeln nach rechts versetzt in die Otto-Beck-Straße und vor den Schienen links in die Wilhelmstraße. Ab hier folgen Sie der Beschilderung der Radweges Bergstraße nach Bensheim, unterqueren die B 3 und lenken danach links in die Bahnhofstraße zum Bahnhof Bensheim, ihrem Ausgangspunkt.*

Nehmen Sie sich noch Zeit für eine Besichtigung der Stadt Bensberg. Mittelpunkt der Stadt ist der **Marktplatz**. Den Platz säumen alte Fachwerkhäuser und in

Burg Auerbach

der Mitte stehet der Marktbrunnen. In seiner Nähe verlief einst in Nord-Süd-Richtung die römische Bergstraße Strata montana. In der Revolution von 1848/49 wurden aus Darmstadt Militäreinheiten geholt, um Unruhen am Marktplatz niederzuschlagen.

Die **Stadtkirche St. Georg** wurde 1830 im klassizistischen Stil errichtet und nach ihrer Zerstörung bei einem Fliegerangriff 1945 wiederaufgebaut. Zwischen der Stadtkirche und der Liebfrauenschule steht der „Rote Turm", ein Überrest der ehemaligen Stadtbefestigung.

Die **Alte Gerberei** in der Platanenallee 5 wurde 1873 unmittelbar an der Lauter erbaut und bis 1915 als Gerberei für Ochsen-, Rinder- und Kalbsfelle genutzt. Heute ist darin das Varieté Pegasus untergebracht.

Die **Alte Faktorei** in der Hauptstraße 39 wurde 1732 für den Faktor des Mainzer Domkapitels errichtet. Heute befinden sich in dem Gebäude die Touristeninformation und das Bürgerbüro der Stadt Bensheim.

Der **Rodensteiner Hof** in der Darmstädter Straße 5 ist ein alter Adelshof außerhalb der ehemaligen Stadtmauer. Neben ihm erstreckt sich der Bensheimer Stadtpark im Stil eines kleinen englischen Landschaftsparks.

Impressum

1. Auflage 2024

Touren/Texte: Otmar Steinbicker, Aachen

Titelfoto: © iStock/Teka77; AdobeStock/Halfpoint

Fotos: Otmar Steinbicker (S. 6/7, 12/13, 22/23, 24 oben, 35 oben, 54, 59, 60, 61, 62, 64, 65, 69, 72, 73, 84, 86, 87, 88, 137, 182, 186, 187, 189, 203, 204/205, 206, 207, 212, 218) sowie

© Hessen Tourismus/Roman Knie (S. 2/3, 4/5, 8/9, 10/11), © Markus Trienke/wikimedia (S. 14), © Jörg Braukmann/wikimedia (S. 16), © mschiffm/Pixabay (S. 17), © HOWI/wikimedia (S. 18, 19), © Roland Struwe/wikimedia (S. 20, 50), © Heike Georg/Pixabay (S. 21), © tombal1912/Pixabay (S. 22 unten), © Harke/wikimedia (S. 24 unten), © Kora27/wikimedia (S. 25), © Reiner/Pixabay (S. 26), © Berthold Werner/wikimedia (S. 28), © Wolfgang Pehlemann/wikimedia (S. 29), © Martin Rector/wikimedia (S. 30), © Garumisalami/wikimedia (S. 31), © Ben Bender/wikimedia (S. 33), © Harald Landsrath/Pixabay (S. 34), © Holger Uwe Schmitt/wikimedia (S. 35 unten), © qwesy qwesy/wikimedia (S. 36, 41), © Rudolf Stricker/wikimedia (S. 39, 40), © Astloch/wikimedia (S. 43), © Brühl/wikimedia (S. 44), © Martin Kraft/wikimedia (S. 47, 52 oben, 53), © Matthias Kleine/wikimedia (S. 48), © lapping/Pixabay (S. 49, 100, 158, 161 oben, 171, 172, 190, 193), © MChollet/wikimedia (S. 51), © Annika Hering/Pixabay (S. 52 unten), © Phantom3Pix/wikimedia (S. 57), © Marion Halft/wikimedia (S. 58), © Volker Thies/wikimedia (S. 66), © Xjvolker/wikimedia (S. 67), © Karsten Ratzke/wikimedia (S. 68, 108), © GerritR/wikimedia (S. 70), © Michael Pabst/wikimedia (S. 75), © Krzysztof Golik/wikimedia (S. 76), © Sascha Endlicher M. A./wikimedia (S. 78), © Emha/wikimedia (S. 80), © Longbow4u/wikimedia (S. 81), © Sven Teschke/wikimedia (S. 83, 129, 147, 150, 154/155, 157), © Volker Rachow/flickr (S. 89), © A. Köhler/wikimedia (S. 90), © Frank Behnsen/wikimedia (S. 91), © visitrhinemain/David Vasicek (S. 92/93), © barnyz/flickr (S. 96, 99), © Carsten Steger/wikimedia (S. 101), © Dguendel/wikimedia (S. 103), © RomyDasNordlicht/wikimedia (S. 104), © Dontworry/wikimedia (S. 107), © DXR/wikimedia (S. 109, 121), © visitfrankfurt/Holger Ullmann (S. 110, 113), © Nadi2018/wikimedia (S. 114), © kevinmcgill/wikimedia (S. 115), © Mylius/wikimedia (S. 117), © visitrhinemain/Udo Bernhart (S. 118, 166), © Simsalabimbam/wikimedia (S. 120), © Ravetracer/wikimedia (S. 122), © Daderot/wikimedia (S. 123), © Epizentrum/wikimedia (S. 125), © Thomas Kroemer/wikimedia (S. 126), © Said Bustany/wikimedia (S. 128), © Commander-pirx/wikimedia (S. 131 oben, 197), © Jorbasa Fotografie/flickr (S. 131 unten, 152), © Bytfisch/wikimedia (S. 132), © Klaus Graf/wikimedia (S. 133, 177), © Hydro/wikimedia (S. 134, 145), © Cherubino/wikimedia (S. 138, 148), © Tilman2007 /wikimedia (S. 139, 140, 141, 144, 164 unten), © James Bashkin/flickr (S. 142), © Diana Heßner/wikimedia (S. 153), © Plenz/wikimedia (S. 160), © GFreihalter/wikimedia (S. 161 unten), © Reinhardhauke/wikimedia (S. 162), © Pumalauer/wikimedia (S. 163), © Karsten11/wikimedia (S. 164 oben), © Rainer Lippert/wikimedia (S. 165, 173), © Popie/wikimedia (S. 168), © diba/wikimedia (S. 169), © Freak-Line-Community/wikimedia (S. 174, 179), © r.schwarzkopf/flickr (S. 180/181), © JD/wikimedia (S. 184), © wikimedialmages/Pixabay (S. 185), © Reinhard Dietrich/wikimedia (S. 192), © Carole Raddato/wikimedia (S. 194), © Fritz Geller-Grimm/wikimedia (S. 195), © Edgar El/wikimedia (S. 198), © Maxlenger/wikimedia (S. 200), © Rama/wikimedia (S. 201), © Marco Mayer/wikimedia (S. 208), © Dirk Wesner/flickr (S. 210), © Z thomas/wikimedia (S. 211), © Dirk Schmidt/wikimedia (S. 213), © Aquatoney/wikimedia (S. 215), © Kesslerbensheim/wikimedia (S. 216), © Muck/wikimedia (S. 219), © Krzysztof Golik/wikimedia (S. 221), © Rene Schröder/wikimedia (S. 222/223).

Buchgestaltung: Horst Krückemeier, www.hokrue.de, Bielefeld

Layoutkonzept und Umschlaggestaltung: Alexandra Struve, www.designundich.de, Braunschweig

Kartografie: BVA BikeMedia

ISBN: 978-3-96990-212-7